梦想教育家书系
课堂变革系列

合作学习
有讲究

〔美〕R.布鲁斯·威廉姆斯 著

谭文明 译

教育科学出版社
·北 京·

谨以此书献给理查德，我的人生导师 ——

是他帮助我开启了那扇门，让我看到了人生众多的可能性。

合作学习到底讲究在哪

合作学习实践训练营

张铁道

博士、研究员，北京开放大学原副校长

如何在课堂教学中引导学生开展有成效的合作学习，一直是很多一线教师特别向往却难以实现的任务。R.布鲁斯·威廉姆斯先生在运用引导方法推动合作学习方面的境界和智慧让我由衷钦佩！他在总结自身多年成功实践基础上完成的《合作学习有讲究》一书，阐释了合作学习的基本理念及教学价值，还采用丰富的实践案例就如何设计与实施合作学习提供了具体可行的指导。我相信，有志于开展合作学习创新实践的老师们都会受益于他的专业指导。

李佩宁

中国教育科学研究院未来学校实验室讲师
华东师范大学心理发展研究中心特聘研究员

本书集结了约翰逊兄弟与埃德斯·霍卢贝茨、罗伯特·斯莱文、斯宾塞·卡根、詹姆斯·贝兰卡和罗宾·福格蒂等众多国外合作学习领域集大成者的观点和经验，是一本合作学习理念与实践的精华总结，在一定程度上会重塑你对合作学习的认识。

在一个合作学习的课堂中，不同智力水平、知识结构、思维方式的学生可以互相补充、借鉴和启发，针对所学产生深刻的理解与新的认识，本质上，每一个小组中都有一位潜在的"小助教"帮助教师完成教学任务，落实教学目标。

合作学习不是简单的分组讨论！合作学习与直接教学并不对立！合作学习不是课堂时间杀手！合作学习不是课堂噪声制造者！有效的合作学习更不会让学生浑水摸鱼！想知道如何开展有效的合作学习吗？想了解合作学习结构中简单的教学策略如何彻底地改变教与学吗？开卷有益，来读本书吧。

李峰

北京市海淀区教师进修学校学前教育研修室副主任

与布鲁斯先生相识于 2017 年夏，之后引导理念便融入我们的生活和工作。我们似乎获得了一种神奇的魔力，展现出团队发展的另一种可能。仔细想来，应该是合作学习的魔力。

《合作学习有讲究》一书基于大量研究和实践，用简明清晰的文字传递内涵深刻的理论。书中大量实操性强的设计与实施工具、策略和案例，可供学习者应用于实践之中；亦可字斟句酌，结合实践体悟其核心。只有接纳并尝试、实践后反思、团队中分享，你才能真正深谙其道。相信有一天，你一定会像开篇故事中达令先生一样，在分享时拥有抑制不住的激动，看见学生成长的满足和喜悦！

刘灿

教育科学出版社教师教育编辑部主任

合作学习指向个体难以独立完成的有挑战的任务；合作学习得以发生，前提是高质量的个体独立学习；合作学习既注重团队成功，也重视个体成就；合作学习重视团队成员间的情感联结，做好合作学习需要培养学习者的社交技能；合作学习在协作和反思中，培养的是学习者的高阶思维……所有这些，在布鲁斯先生这本书中你都能获得具体的指导和工具与方法的支持。正如书名所言，合作学习有讲究，相信你不会错过！

推荐序

杨咏梅

相遇布鲁斯：在合作学习中"逆生长"

美国资深教育咨询顾问、教育引导培训师 R.布鲁斯·威廉姆斯（R. Bruce Williams）先生的《合作学习有讲究》一书即将出版，教育科学出版社教师教育编辑部刘灿主任邀请我写一段文字为此书作序，这个诚挚的邀请让我感到特别意外，也特别荣幸！

布鲁斯先生是我的恩师。2016 年 11 月，在重庆举行的中国高等教育学会教师教育分会区县级教师进修院校 2016 年会上，我第一次聆听了布鲁斯先生给现场 400 多位全国教师教育专家做的题为"为教师培训者的工具箱里加一点料"的参与式演讲。演讲中，他很巧妙地运用了合作学习的策略，让全场 400 多人全情投入到交流互动之中。我非常惊诧，当我们纠结于大班额难以使用合作学习策略时，布鲁斯先生却在数倍于课堂教学人数的群体中，精彩地演绎了我们认为不可能发生的合作学习！这样一个真实的教学现场，让我对参与式的合作学习有了一次深刻的理解与体认。"众里寻他千百度。蓦然回首，那人却在灯火阑珊处。"从那时起，我就走上了一条追随布鲁斯先生不断学习实践的"逆生长"之路。

师从布鲁斯先生学习教育引导的这四年，我作为学员参与了他近十个工作坊的专题研修，也作为他的助教和合作培训师完成了多场面对教师、校长和教研员的工作坊培训。布鲁斯先生是一位有着深厚教育理论研究功底的专家，但同时更是一位杰出的教育实践家。先生让我最为钦佩之处，是他总在致力于用自己独特的实践方式娴熟而富有智慧地引导学习者去体验和感知深奥复杂的教育理论，让你知道他为什么这样做，以及如何去做。此外，他的培训总是引导学习者在深度思考中探究、发现和建构有意义的知识。我发现，无论是什么专题的学习工作坊，布鲁斯先生所采用的最基础、最重要的策略就是合作学习。所以，当布鲁斯先生的译稿呈现于眼前时，我似乎看到了先生的每一场培训都在从不同的角度，使用不同的学习工

具、技巧和策略演绎和诠释着这本书的内容。可以说，它是我目前看到的关于合作学习的著作中最具有实践指导性的专著。全书的五个章节内容丰富，方法具体，表达简练，结构性、可读性和操作性很强，因此，可以把它视为一本支持我们开展合作学习的指导书。

《合作学习有讲究》一书中提到的合作学习六种核心要素——RICHES：反思（Reflection）、个体成就（Individual Achievement）、协作（Collaboration）、高阶思维（Higher Order Thinking）、情感纽带（Emotional Realm）、社交技能（Social Skills），对于开展真正的合作学习，进而促进学生高度互动且有效的学习至关重要。特别是六要素中的情感纽带和社交技能，是我们在运用合作学习策略时常常忽略但又非常重要的两个要素。前者关系合作学习课堂中师生、生生的情感联结，学习动机的激活以及积极学习情绪的持续维护；后者关系合作学习必须具有的各种合作共事能力的培养与习得。这些合作技能的训练，一定要在开展合作学习之前对学生进行循序渐进的培养。学生只有在熟练掌握各种合作技能的前提下，才能有效地开展高质量的合作学习。布鲁斯先生在培训中多次强调，当面对个人难以完成的、复杂的、具有挑战性的、指向高阶思维的学习活动时，才会用到合作学习策略。特别需要说明的是，什么时候使用合作学习策略，什么时候使用讲授式教学策略，取决于学习目标和学习内容的需要，没有优劣之分，只有科学恰当的选择。二者不是非此即彼的关系，它们可以单独使用，也可以结合使用。

《合作学习有讲究》一书还提到了合作学习课前准备的六个要素：沟通交流、空间物料、小组构成、课堂支持、管理策略和成就监测，它们是我们开展合作学习时课前和课中都要统筹考虑的因素。这提示我们在运用合作学习时，既要考虑合作学习的六种核心要素（RICHES），又要考虑合作学习的课前准备六要素。只有在两类要素有机整合的前提下，合作学习才能真实有序地发生，且发挥出最大的优势。

在《合作学习有讲究》第三章"合作学习的活动设计"中，布鲁斯先生具体介绍了多种可以灵活运用于合作学习的工具、方法和策略，这部分具有很强的工具性特点。读者在阅读之余，还能结合教学实际，

研发出这些工具、方法与策略的使用变式。

在我这些年运用合作学习策略的教学实践中，布鲁斯先生关于合作学习的思想与实践给予了我很多新的启示和可资借鉴的方法，有效地回应了我们在开展合作学习时遇到的一些困难、挑战，甚至是质疑。比如：

- 如何在大班额情况下开展合作学习？
- 如何结构化地安排小组角色？
- 如何有效调控和管理好学生活动时间？
- 如何确保每个学生的个体学习成就？
- 如何实现组内的差异学习？
- 如何组织个人、小组、全班的学习活动？
- 如何评价学生个体的学业成就和小组的学习成果？
- 如何培养学生的积极情感和高阶思维？
- 如何培养学生的社交技能？
- 如何使每个学生的学习都被看见？
- 如何培养学生的团队精神和合作能力？

这些问题我们都会在本书的相关部分找到具体的回应。

今天的学生正在面对一个更加开放、包容、共创、共享的世界，合作无疑是他们面对未来世界最重要和最关键的能力之一，而合作学习能为学生形成这样的能力提供最好的成长机会和空间，并且能有效地提高学生的学业水平。四年来，在开展合作学习实践的过程中，我们运用了布鲁斯先生关于合作学习的理念和方法，力求将国际的先进做法与中国的本土实践相结合，基于我国已有的合作学习经验，不断填充、发展，创造更适合本土教育的有效做法。其间，我们发现在有质量的合作学习情境中，师生的综合素养都得到了发展，实现了互补的增值性学习，呈现出积极自信的状态，体现在：情感更丰富、合作更高效、思维更活跃、能力更全面、心态更开放、视界更开阔。

2019年6月23日印发的《中共中央　国务院关于深化教育教学改革全面提高义务教育质量的意见》提出："优化教学方式。坚持教学相长，注重启发式、互动式、探究式教学"，"开展研究型、项目化、合作式学习"，以培养学生的核心素养。这种教学要求对教师最大的挑战是，持续不断地创新教学技术和手段，变换学习任务、组织方式和学习方法，让学习者始终对课堂学习保持好奇心、期待感、想象力和创造力，确保学习内容和方法对学生而言既有新鲜感又富有挑战性。2017 年接受了布鲁斯先生合作学习的专题培训以后，我们团队一直在开展行动研究，并取得了一些有价值的研究成果。事实证明，布鲁斯先生关于合作学习的理论与实践研究，为我们提供了有力的支持。相信教育同人在阅读《合作学习有讲究》这本书并付诸真实的教学实践之时，一定会收获别样的精彩！

（作者系贵州省教师教育系列特级教师，原贵阳市南明区教育局局长、南明区教师学习与资源中心校长，教育科学出版社首届教育引导培训师内训营学员、认证教育引导师）

译者序

谭文明

翻译这本小书，原本是我和"my best friend in Chicago"（我在芝加哥最好的朋友）以及教育科学出版社教师教育编辑部主任刘灿的一场约定。

五年前，我与刘灿一道，在上海真爱梦想公益基金会举办的"校长引导力F[①]计划变革领导力训练营"上，有幸结识了布鲁斯先生（有关他的介绍见本书封面，这里不再赘述）。五年来，布鲁斯先生于我们而言，亦师亦友，大家共同以引导理念和共创方式，不仅推动了部门工作业务的转型变革，还推动了引导理念与技术、成人培训理念与技术以及各类教学策略（合作学习、高阶思维、真实性评估、大脑友好的教学等）在中国基础教育领域的运用，为众多一线教育教学工作者与研究者乃至企业领域的培训师、引导者留下了深刻的学习与实践体验，并对之产生了积极的影响。

在这些宝贵的学习和实践体验中，刘灿与我都感觉有必要将布鲁斯先生在美国出版的一些实用性强、引导特点鲜明且符合当前中国教育工作者实际需求的

---

① F 指 Facilitation（团队引导）、Focus（聚焦）、Foundation（基础）、Flow（流动）、Future（未来）。

著作引进和翻译出版，为一线教育工作者应对时代挑战、推动"以学习者为中心"的深度教学改革提供有效借鉴和实际帮助。《合作学习有讲究》就是其中一本。于是，在一次合作学习工作坊结束后，我便向布鲁斯先生和刘灿承诺，会把这本书尽自己最大努力早日翻译出来。只是没想到，实现这样的约定和承诺，却也用了近两年的时间。

就"合作学习"这个话题而言，它如今已不是一个新鲜的概念。自 2001 年推行新课改开始，"自主、合作、探究"就成为我国基础教育课程实施和学习方式变革的一个重要方向。近二十年来，国内的教育理论研究者和一线教师们，对"为什么要开展合作学习""什么是真正的合作学习""如何针对中小学生设计和实施有效的合作学习""如何在教师培训中设计和实施有效的合作学习"等问题也一直在不断探索，"合作学习"从一种口号和理念，逐步走进课堂、走进培训现场，产生了诸多宝贵的本土经验与实践创新。但走进实际的课堂教学与培训现场（包括线上环境中的学习现场），我们仍然能够感受到"表面的热闹"似乎大于学习者实际的获得，合作学习在促进学习者素养发展方面的功能还没有得到充分的发挥。究其原因，在我看来，可能主要有三个方面。

一是教师（培训者）对学习者学习规律、合作学习概念与价值的理解存在偏差或不全面，致使在设计和实践中，要么低估了合作学习——将其视为"做课或调节培训氛围的一种手段"，要么高估了合作学习——将复杂的学习任务完全放手于学习者且缺乏必要的过程监控，造成学习目标的落空。

二是在设计准备阶段，没有对成功实施合作学习所需的各类要素全面考虑，造成实施效果不理想，进而降低了教师（培训者）对这一学习方式的信任程度与使用意愿。例如，忽视了对学习者合作意识与习惯的渐进式培养，未能与相关利益者提前沟通其开展合作学习的设想与计划，合作所需解决的学习任务或问题的选择不够精准，合作中学习者所需材料的提前准备不够充分，等等。一着不慎，很可能就满盘皆输。

三是在实施阶段，对合作学习活动形式的运用过于单一，要么两人一组讨论，要么四人前后桌讨论，尽管从现实的角度考虑，这样的活动便于组织管理，但长此以往，学习者不免会对合作学习的活动形式产生乏味甚至排斥心理。

《合作学习有讲究》一书，在一定程度上有效回应了上述这些问题。本书原著秉承布鲁斯先生一贯的风格。一是结构化特色鲜明，前后照应，自成体系；二是在理论与研究层面的分析力求精当，着墨不多，更多篇幅留给更具实操性的、有关合作学习设计与实施的具体工具、策略的介绍和使用示范。期待读者朋友们一边阅读、一边实践，形成符合自身实际需要的合作学习"资源库"与"工具箱"，并最终让学习者受益。

翻译过程中，我尽可能遵循了原著本义及作者用词简约的风格，同时考虑到中文读者的实际需要，对一些标题、核心概念和语句的翻译做了适当的补译和意译；对第二、三章的翻译，则适当参考了以往设计和参与培训活动时的一些经验和培训手册中的译法；个别仍旧不确定的地方，也远程请教布鲁斯先生进行了确认。尽管自己努力期望做到译文是原文"最近似的自然对等语"（closest natural equivalence），但囿于自己在教育教学领域和翻译领域的学识与经验，难免会有一些疏漏和不足，如果读者朋友们在阅读本书时发现了这样的问题，欢迎与我微信交流沟通（微信号：tanwenming_bj）。

真诚感谢布鲁斯先生，是他引领我走上了一条我"永远也不会再回头"的路。感谢教育科学出版社的领导和编辑朋友让我有幸能够翻译此书，接续彼此的缘分。刘灿作为团队领导者的眼光、气魄和责任感一直是我学习的榜样，翻译这本书的过程也得到了他的充分支持。感谢本书的责任编辑殷欢，她的负责和灵气，让我在成书之前有机会对译稿的问题做一些弥补和修正。

感谢教育科学出版社教师教育编辑部的小伙伴（我曾经共事的朋友）、教师研修专家张铁道老师、多次担任布鲁斯先生工作坊翻译的刘静老师、与我一道实践过合作学习工作坊培训的杨咏梅老师（为本书的出版撰写了推荐序），以及首届教育引导培训师内训营的每一位同学。在设计和实施合作学习工作坊期间，你们都曾给过我宝贵的反馈和建议，译文中也有你们的诸多贡献。曾经共事、共同学习的每一天，都是我美好的人生回忆！

（作者系北京市海淀区教师进修学校教师、教育科学出版社首届教育引导培训师内训营学员、认证教育引导师）

中文版序

时代在变化。许多老师或许已经发现，如今要想让学生在课堂上静静地坐上45分钟、认真倾听自己的讲授，已经变得不太可能了。（或许，对于一部分学生而言，这种讲授从来就不曾有效过。）尽管有很多学生喜欢讲授式的教学，并因此在学业上取得了成功，但也有不少的学生成为这种教学方式的"牺牲品"。虽然这些在学校教育中表现不佳的学生，在进入社会之后仍然有很多成功的可能性，但在当今社会，即便是一些看起来非常普通的职业，如汽车修理工、医院护工、出租车司机等，也都要求入职者在学校教育之外接受额外的培训，而这些培训常常包含技术和计算机等方面的内容。

由此可见，我们身处的这个数字时代正在挑战我们的老师，即在学生走进校门的那一刻起，我们就要面对全体学生进行教育。我们的一些学生在进入课堂学习之前，就已经通过智能手机或个人电脑与这个数字时代紧密联系在一起了。他们已经习惯了短小、碎片化的信息，而不是一节节完整的、40—45分钟的课。这就又带来新的挑战，即要为学生提供多重的学习策略和多元化的学习体验。而由于学生习惯了使用智能手机和其他一些信息技术，他们在适宜的社交技能发展方面显得较为薄弱。如果我们有效地实施了合作学习，那么学生的社交技能就会得到良好的促进和发展。

实际上，在我看来，21世纪的老师除了要具备教学和信息技术方面的技能，还需要在多元智能、高阶思维、视觉化材料如图形组织器等领域有良好的知识储备，当然，这其中也包括合作学习。

合作学习绝不意味着把学生随意地分入组中，给他们一些学习任务，然后就回到讲台办公桌前批改作业。它是一种能够确保学生为其学习负责并能帮助其他学生学习的高度结构化的学习策略。这种策略要求老师持续地关注学习任务小组；要求老师给学生分配角色，以便他们每个人在合作学习小组中都要完成重要的任务；还要求老师用适宜的方式分解学习任务，以便自己清晰地知道每一名学生在完成学习任务过程中的具体贡献。不过，虽然我个人对合作学习怀着由衷的热爱，但我也确信课堂中还有很多时候更适宜采用个体自主方式进行学习。对学生而言，应当对这两种学习方式都很熟悉。

　　建议作为读者的你，在拿到这本书后可以先迅速浏览一下本书的目录，从中选择你感兴趣的部分读读试试。当你熟悉了全书结构，你就可以在自己对合作学习产生困惑的时候，或是想要寻求一些灵感运用到你的课堂教学中的时候，再来翻阅这本书。我期待这本合作学习的手册能够激发出属于你自己的更多的合作学习策略，并能助力你催生出更多成功的案例故事。

致
谢

在过去的十年里，我有幸能够在各类工作坊中与数百位敢于尝试一种新的教学方式的老师一起学习、工作，这些老师长期致力于尝试创设成功高效的合作学习课堂。在工作坊学习期间，许多老师回到学校进行合作学习实践，再次回到工作坊时，有的老师为我们带来了他们认为对自己教学有效的策略、方法，有的老师为我们带来了更多的问题，并分享了他们的实践困惑与纠结。

我对后者也表达了欢迎和感谢，因为针对这些老师提出的问题、困惑，工作坊的其他老师会从同事的视角给出大量建议，帮助那些有困惑的老师，使其带着新的、不同的方法回到自己的课堂上，改进自己的教学策略和课堂效果。工作坊中，许多老师告诉我，他们坚信合作学习是一种能够让孩子们在学习上取得成功的有效方法。这一点，也在不断地激励着我。

感谢所有曾经帮助过我的老师！

目　　录

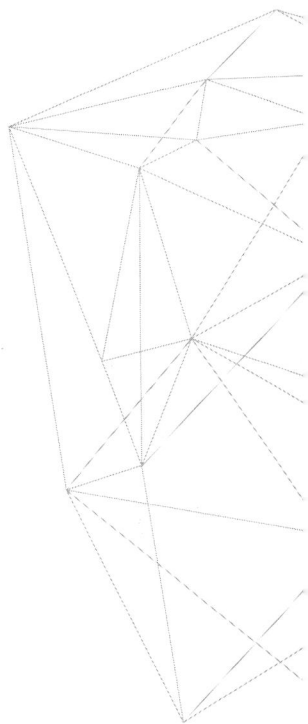

本书导言

书中插页照片由上海真爱梦想公益基金会提供，余同。

本书为大家揭示了实践合作学习过程中可能涉及的一些结构上的复杂性。**这本书向我们表明，合作学习绝不仅仅是把学生分成若干个小组，让他们以小组为单位自己学习。**此外，这本书还表明，如果我们能够在课堂上完整、充分地实施合作学习，那么学生在学业上可取得的成就将会是惊人的。

本书主要包含四个部分。第一部分是"合作学习概述"，主要介绍合作学习的各种定义和相关研究背景。对于在合作学习领域经验不是很丰富的老师来说，这一部分有助于你们对合作学习形成概括性的认识。

第二部分为"合作学习的课前准备"，主要回顾和介绍了在开展合作学习之前老师们需要考虑的各方面的因素。对于那些已经踏上实施合作学习旅程的老师，我在这一部分为你们提供了一份可以利用的工作清单。

第三部分是"合作学习的活动设计"，主要为老师们提供了各种不同类型的合作学习活动设计，以便你们在任何年级、任何学科的任何课堂上都能设计和实践合作学习。这一部分，我们将这些合作学习活动划分为面向全班学生的活动、面向两人一组的活动和面向三至四人一组的活动，老师们将看到实施合作学习的多种选择与可能性。

第四部分是"合作学习对学生社交技能的培养"[①]，主要介绍了在课堂上成功实践合作学习对培养和发展学生社交技能的益处。在正确合理地实施合作学习的前提下，学生在沟通交流、组建团队、达成共识以及领导力等方面的社交技能都会得到巨大的提升。我们认为，要想让合作学习取得成功，学生社交技能的培养至关重要。这就意味着在开展合作学习之初，教师就要明确地教授学生一些社交技能，让学生清楚合作学习所需的社交技能具体包含些什么。

我不仅期待这本书能够激发起大家的阅读兴趣，也期待本书所提供的丰富且实用的工具能帮助每一位老师在自己的课堂上开展合作学习。我更期待的是，伴随着合作学习在课堂中的有效开展，学生能够取得卓越的学业成就。

[①] 本书在翻译出版时，将原著第四部分拆成了本书第四章和第五章，第五章"结语"是对本书前四章内容的回顾和总结（原著的前三部分对应本书前三章）。——译者注

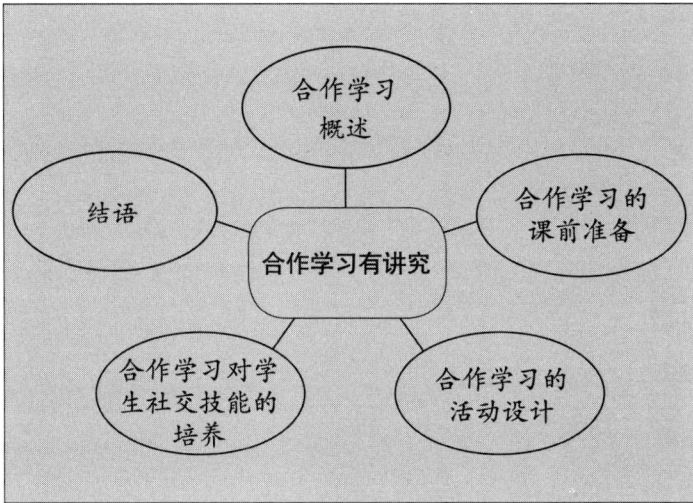

本书逻辑框架

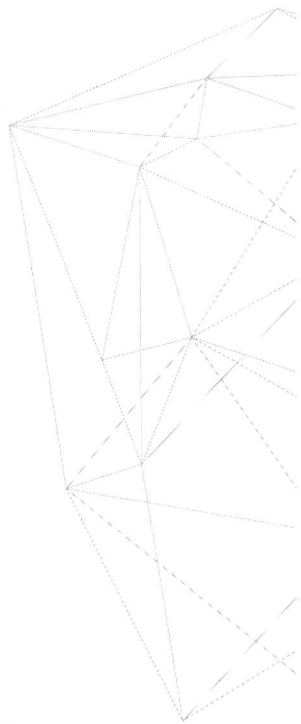

合作学习概述

【第一章】

达令先生站了起来。四个星期之前，他接受了合作学习的培训。现在，该轮到他来分享自己这几周的实践情况了。所有人的目光都聚焦到他身上，因为大家都知道，达令先生是一位非常有经验的高中老师，不过，他对于在课堂上运用合作学习也是所有人中最为抵触的。

但令所有人都很惊讶的是，达令先生非常自豪地展示了他的学生通过合作学习小组在一节课上创设的各种图形组织器[①]作品，让人印象深刻。当达令先生描述自己的学生非常渴望在课堂上进行合作学习时，他自己那抑制不住的激动以及他对学生能够在合作中学得如此之多的那种满足和愉悦，我们至今记忆犹新。

---

① 图形组织器（graphic organizer），也有翻译为"图形组织者""图表组织器""结构图"的。江西师范大学课程与教学研究所邱婷、钟志贤在《远程教育杂志》上发表的《论图形组织器》文章中，将"图形组织器"定义为"一种用于表现学习过程和结果的图形结构形式"。——译者注

核心概念

▼

"合作学习是一种小组教学应用形式，旨在通过让学生共同学习，来实现学生个体以及学生彼此之间学习效果的最大化。"（Johnson，Johnson，& Holubec，1998，p.1.5）

实施效果良好的合作学习是一种高度结构化的教学策略，在这种环境中，孩子们可以在与同伴的互动中学得更好。罗伯特·斯莱文（Robert Slavin）提出，当教师所使用的教学策略能够使学生在小规模的、异质的小组中学习时，合作学习就发生了。（Slavin，1987）当课堂中出现这样的情形时，合作学习就能够引导学生感受到"学习的社会性能量"（Zemelman，Daniels，& Hyde，1993）。

更进一步讲，合作学习可以促进人们养成一些团队工作技能，这些技能在很多工作场所都是应当必备的。1992 年 4 月，美国劳工部发表了《关于获得必要技能的部长委员会报告》（*The Secretary's Commission on Achieving Necessary Skills*）。报告列举了职场中的五种关键要素：资源、人际交往、信息、系统和技术。报告同时还建议，以下这些人际交往方面的技能对于当今职场来说是必需的：能够作为团队的一员参与其中，能够教授他人，能够为客户或消费者提供服务，能够组织领导，能够通过协商做出决策，以及在多元文化环境中工作。所有这些人际交往方面的技能，都能通过合作学习予以加强。

合作学习真的有效吗？约翰逊兄弟（David Johnson & Roger Johnson）、埃德斯·霍卢贝茨（Edythe Holubec）引用了超过 550 项实验研究以及 100 项相关研究成果，最终得出结论——在实施合作学习的情况下，学生的学业成绩会有所提升，会发展更为积极的协作型人际技能，同时自尊感也会更强。（Johnson，Johnson，& Holubec，1998）

与合作学习相比，一般的小组学习（small group work）通常是非结构化的，因为学习任务不清晰，且缺乏对小组任务的具体分配，小组成员可能会显得不知所措。有时候，一个学习小组中只有个别学生在做学习任务，对于已完成的学习任务，教师也很难辨别出每一名小组成员都做了哪些具体的贡献。如果学生的脑海中缺乏具体学习任务的清晰图像，小组学习的质量就会参差不齐。这样的小组学习只会让学生、教师和家长感到失望。

而在经过设计的合作学习小组里，学习任务是清晰的，并且一定是结构化的，教师对学习任务的目标也要进行详细透彻的解释。如果整个学习项目比较大，就会被分解为一些小块的任务，分配给小组中的每一名学生，这样，对于最终的项目学习成果，小组中谁具体负责什么就一清二楚了。因为合作学习要求组内成员彼此异质，所以完成比较复杂的学习任务就势必要求每一名小组成员投入自己的全部力量。通过这种方式，学生就会产生互动和兴奋的学习体验。

合作学习到底是什么样子的？

合作学习究竟是什么样子的呢？举例来说，数学学科的老师可以将不同的数学题分配到不同的学习小组中去，当各小组完成了本组的题目之后，小组之间就可以相互讲授这些数学题的解答方法；社会学科的老师在教授有关某个国家的知识时，可以根据小组数量将这个国家划分成若干个区域，请每个小组围绕本组学习的区域准备一场有结构的讲解和介绍；语文学科的老师可以将一出戏剧划分成若干部分，请不同小组轮流上台将整部戏剧表演完整；科学学科的老师可以就某个环境问题请不同的小组创设各自的解决之道，然后分别向全班汇报结果；小学老师在教授美国各个印第安人部落的相关知识时，也可以将不同部落的资料分配给不同小组的学生研究，然后再请各组向全班汇报本组的学习成果。

以上这些例子中的做法，都是在替代这样一种我们常见的学习方式：学生仅仅通过阅读一些给定的材料、听老师长篇大论地讲解来学习，并最终通过纸笔测验的方式把自己消化了的知识再还给老师。**富有成效的课堂，应当既有个体的独立学习，又融入合作学习的方式。**在这种混合式的学习方式下，较为独立的学习者会更加适应团队合作情境下的学习，而较为依赖团队的学习者也会更加适应独立的学习。

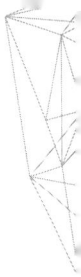

六大核心要素：RICHES

▼

　　RICHES 是合作学习六大核心要素的首字母缩写，这种缩写便于我们记忆。这些核心要素反映了十年来合作学习领域的研究以及实践成果，其以约翰逊兄弟和霍卢贝茨提出的合作学习五要素为基础——积极的相互依赖（positive interdependence），个人与团队责任（individual and group accountability），面对面的互动（face-to-face interaction），人际交往与小组合作技能（interpersonal and small group skills），团队反思和自我评价（group processing）。但 RICHES 还融合了其他两个要素——高阶思维与情感纽带，由此便形成了合作学习的六个核心要素：

反思（**R**eflection）

个体成就（**I**ndividual Achievement）

协作（**C**ollaboration）

高阶思维（**H**igher Order Thinking）

情感纽带（**E**motional Realm）

社交技能（**S**ocial Skills）

　　图 1-1 显示的正是上述这六个核心要素。当我们将这些要素整合到一节课的设计流程中时，学生就掌握了一种有驱动力的、高互动性的学习工具。这六个核心要素对于开展真正有效的合作学习来说必不可少。下面我们逐一来认识这六个核心要素。

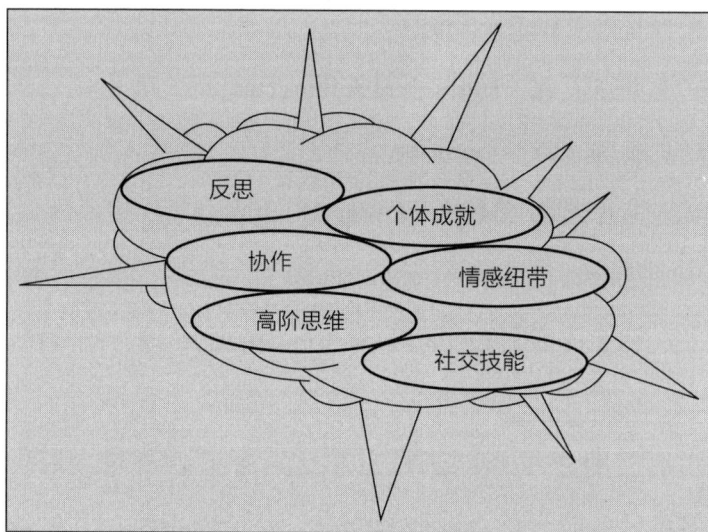

图1-1　合作学习六大核心要素：RICHES

注：版权归 Fogarty & Associates 有限责任公司所有

反思

　　为了能够让学生产生良好的学习体验，老师通常需要付出大量的努力。然而，努力的结果却常常是学生吸收掌握了很少一部分知识。因此，教育工作者需要有意识地让学生主动参与，帮助学生从他们的学习体验中获得更多。

　　我们把基于大脑功能的学习活动称为主动的加工

整理（反思）。这是一种学习者对知识的巩固和内化，它能构建个体对知识的意义，并保持概念的连贯。这种巩固与内化，即反思，最终指向的是理解而不是记忆。（Caine & Caine，1991，p.147）

通过对学习和大脑的研究，凯恩夫妇（Geoffrey Caine & Renate Caine）揭示了反思（加工整理）的重要作用，即反思能够使学生接收到的信息变得更加有意义。反思为大脑提供了一个很好的机会，使其能够从输入的信息中创设出一定的意义。**通常，只有当对所学进行有意识的反思或加工整理时，学生接收到的信息才与其头脑中已有的知识和概念框架建立起联系。**

或许，在课堂结束环节提出一个收尾性质的问题，就能促成学生建立这种联系。比如，"我们今天所学到的内容，与我们上一周学到的 ×× 有着怎样的联系呢？"学生对这个问题的回答，能够帮助其从刚刚结束的课堂学习中生成新的意义。或者，这样的联系也可以由一个四分钟的小活动来得到巩固。比如，请学生以"总结出你今天在课堂上收获的三个关

键发现"这样的题目写一小段学习日记。不管是通过
何种具体方式对所学进行反思，都不需要花费过多的
时间。

个体成就

要形成一个合作学习小组，组内的每一名成员都
必须对其所认领的学习材料和任务负起责任，同时还
肩负着帮助组内同学学习的责任。个体责任制会让组
内的每一名成员意识到，没有人有机会"搭别人的便
车""吃免费的午餐"。(Johnson，Johnson，& Holubec，
1998，p.4.17)

合作学习研究领域的代表人物，如约翰逊兄弟、
霍卢贝茨等人，一致认为**任何结构完善的合作学习都
要首先确保学生个体的学习成就**。在合作学习课堂，
老师要设计出能够让学生切实担负起各自责任的学习
任务，即便是在那些需要小组共同完成的项目、表演
或展示活动中，也需要体现学生的个体责任。

这就意味着，有些时候，我们可以允许学生以

相互合作的方式来学习，之后布置一些需要个体独立完成的任务，以便每一名学生都能展示自己的学习成果；或者，我们可以提前将一个原本需要小组合作完成的任务分解成若干个子任务，请每一名学生负责其中的一个子任务。无论通过何种方式来实现这种个体责任，老师都不可避免地要努力收集每一名学生的学习证据。

学生和家长常常会对合作学习提出这样的批评和质疑，即有些老师在课堂上总是以小组为单位来打分，这种小组获得的分数并不能体现该组不同成员之间知识与能力的差别。我们不提倡给小组评定等级或是打分的做法，因为这样只会为我们成功实施合作学习制造不必要的障碍。

协作

将学生们紧密联结在一起，这样学生之间就会形成互信的纽带，他们也就能够更好地完成团队工作。（Bellanca，Fogarty，1991，p.3）

合作学习的成功，离不开小组成员之间的紧密联系与协作。也许布置一项普通的学习任务，就能够让学生个体聚在一起形成一个团队；又或者，为小组取一个响亮的名字、设计一个小组目标或口号之类的活动，也能够促进学生团队合作意识的形成。但有些时候，只有当小组面临的学习任务具有足够的挑战性，以至于成功完成这一任务需要小组内每一名学生的认真思考和努力时，才有可能形成真正的团结。

许多老师都会为小组内的每一名学生分配不同的角色，帮助小组逐渐成长为一个团结默契的组织。随着时间的推移和不断的练习，合作会逐渐成为学生的第二天性。

然而，成功的团队不可能一蹴而就，这种结果能否实现，很大程度上取决于老师如何一步步培养学生合作共事的能力。**培养出一个强大的学习团队的难度，丝毫不亚于为学生讲解清楚某个晦涩难懂的科学概念，这是需要时间的。**假设秋季学期开始时，我们想要在课堂上开展合作学习与团队协作，我们自然不能指望学生马上就能学会这些技能与方法，学生们很可能要到次年的四月份才能逐步理解和掌握它们。

高阶思维

当学生在解决问题的过程中能够深入地思考且坚持不懈时，当他们努力将自己的口头和书面作品不断改进使之更为清晰和准确时，当他们能够考虑他人的观点和意见时，当他们能够主动提出问题时，当他们能够不断探索新的可能性和思考相应的行为结果时，对教育工作者而言，他们就实现了培养学生批判性思维①能力的愿景。（Costa，1991，p.13）

虽然知识和信息仍然是每一个学生在学校教育中学习的关键（critical）部分，但是，学会思考、意识到自己是如何思考的，也是学生必不可少的学习内容。我们也看到，使用批判性思维来解决困难和问题，正成为雇主招聘时所看重的员工技能。（U.S. Department of Labor，1992，pp.83-84）此外，随着时代的发展，知识和信息呈指数级增长，旧的知识和

---

① 批判性思维（critical thinking），国内也有学者将其翻译为"审辨思维"。见北京师范大学中国教育创新研究院发布的《21世纪核心素养5C模型研究报告（中文版）》。——译者注

信息也正变得过时或被取代，对于那些想要为未来做好充分准备的学生来说，做出判断、识别关键信息的能力正变得越来越重要。

例如，**要在课堂上鼓励培养学生的高阶思维技能，我们就不能仅仅满足于学生就课堂提问给出正确答案，而是应当进一步探询和追问学生是怎样得到这一答案和结论的。**比如，在数学课堂上，我们可能就需要进一步追问学生："你是怎么想到用这种方法来解答这道题目的？"在语文课堂上，我们就不妨问问学生："当你选择这一人物作为小说的主要角色时，你运用了哪些价值评判标准？"在科学课堂上，我们也可以试着给学生抛出一个具体的难题，请他们进行探究。通过类似这样的方式，我们的课堂就不再仅仅是以内容和产出为导向了，而是转变成更加注重以过程为导向了。（Fogarty，Bellanca，1991，p.7）

情感纽带

我们曾不止一次看到，一些高智商的人会陷入苦苦挣扎的境地，而一些智商平平的人却能取得惊人的成就，这其中，到底是哪些因素在起作用？对此，我认为二者的区别常常在于两类人在"情商"（emotional intelligence）的能力上存在着巨大的差别。这种能力包括自我控制的能力、充满热情并能持之以恒的能力，以及能够激励和自我驱动的能力。

近些年来，研究表明，情感在课堂教学中扮演着极其重要的角色。由于一些学生成长于极度缺乏情感纽带的家庭，让课堂充满情感就变得更加重要。因此，我们也可以说，情感教育不能偶然地产生，需要精心设计。（Goleman，1995，p.xiii）

只有当学生与学生之间、老师与学生之间产生了情感的纽带时，这种情感教育才有可能发生。此外，当我们在课堂上与学生探讨那些富有情感的话题时，如果我们能够接纳学生对话题本身真实的感受，情感教育也有可能发生。有时，通过简单的提问，让学生觉察并表达各种情感，就足以把情感教育纳入课堂。当老师这样做时，他们其实就已经认识到了情感的重要性，认识到它是学生学习动力的源泉。换句话说，**把情感赶出课堂实际上也就意味着把学生学习的动力**

赶出了课堂。如果我们能够以结构化且健康的方式让情感进入课堂，就会加强学生的学习动机。

值得补充说明的是，如今越来越多的学校对如何有效开展道德教育感到焦虑，而相关研究表明，培养学生对待生活的成熟的道德态度，其核心就是培养与情感相关的各种能力。（Goleman，1995，p.xii）加深个体对自身情感和他人情感的意识，能够唤醒其道德关怀和道德回应的能力。这表明，如果限制人的情感意识，也就意味着降低了人的道德意识。

社交技能

合作学习本质上要比竞争性的或个人独立学习复杂得多，因为学生在合作学习状态下需要同时参与到个人的学习任务和小组的团队合作中去。小组成员必须知道如何实现有效的领导，如何制订决策，如何建立互信，如何相互沟通，如何对冲突进行管理以及如何积极主动地运用这些技能。就像你教授学科知识和技能一样，你需要有意识地、准确地教授学生团队合作的技能。（Johnson，Johnson，& Holubec，1998，

p.1.14）

　　如果学生在教室里不是被要求坐成秧田式（一排排、一行行），而是按照任务分组坐在一起，那么，对社交技能的需要就会变得明显而迫切。在当今这个电视、电脑随处可见的时代，教育工作者不能假定每一名学生都能懂得一些社交技能，例如，别人说话的时候注意倾听，轮流发言，鼓励他人，说话的音量大小适宜得体，等等。如果孩子们在进入我们的课堂学习之前就已经练习过这类社交技能，那自然很好。但是，基于绝大多数学生所展现出来的实际水平，**老师们必须在社交技能方面给出示范指导，并且让学生在课堂中反复练习，以强化这些社交技能。**

　　把 RICHES 带入我们的课堂，就意味着把反思、个体成就、协作、高阶思维、情感纽带和社交技能等基本要素融入教学过程。当我们把这六个要素很好地整合到课堂教学中时，它们就能为成功实施合作学习提供必要的结构支持。此外，这些要素不仅能够有助于学生在当下获得更好的学业成就，而且能够帮助学生巩固其终身学习所需的技能。

相关研究

▼

对于合作学习的研究，主要聚焦于理论与实践两个方面。

理论研究

前文已提及，约翰逊兄弟与霍卢贝茨于 1986 年建立了合作学习的理论基础。他们提出了合作学习小组的五个关键要素：积极的相互依赖、个人与团队责任、面对面的互动、人际交往与小组合作技能、团队反思和自我评价。（Johnson，Johnson，& Holubec，1986）

在此之后，罗伯特·斯莱文将合作学习的原则与具体的课程进行匹配整合，形成了一套合作学习的方法。例如，在数学学科中，就形成了小组加速教

学法（team accelerated instruction）；在小学低年级的语文课程中，则形成了阅读与写作小组合作整合法（cooperative integrated reading and composition）。通过创设这些"课程包"，斯莱文帮助那些不知道该如何将合作学习整合到具体学科课程中的老师们扫清了诸多实践障碍。（Slavin，1987，1989，1991）

斯宾塞·卡根（Spencer Kagan）则创设了大量诸如"拼图法"（jigsaw）、"罗宾圈"（the round robin）等合作学习活动组织方式，这些活动组织方式可以被广泛地运用到任何学科的课程之中。（Kagan，1989）

最后，还要说一说詹姆斯·贝兰卡（James Bellanca）和罗宾·福格蒂（Robin Fogarty），他们呼吁实施小组合作学习的教育工作者要对什洛莫·沙兰（Shlomo Sharan）和雅艾尔·沙兰（Yael Sharan）所提出的小组调查模式予以足够的重视。这一小组调查模式包含五个阶段：

（1）提出大问题，按学生兴趣进行分组；

（2）明确需要探究的具体问题及研究过程；

（3）小组分工收集研究所需要的数据和信息；

（4）起草研究报告；

（5）展示和评估研究报告。

此后，贝兰卡和福格蒂又提出了他们自己的合作学习方法，强调老师要给学生布置调动其高阶思维的学习任务，并且，在他们的方法中，合作学习小组被视为一种可以不断强化学生认知的有效的学习环境。（Bellanca，Fogarty，1991）

贝兰卡和福格蒂在其合著的《合作学习课堂中的思维蓝图》（*Blueprints for Thinking in the Cooperative Classroom*）一书中，曾对合作学习理论的相关研究做过梳理，这是我看到过的最棒的研究综述，感兴趣的读者可以查阅上述文献。

实践研究

大量的实践研究分析了合作学习在课堂中的有效性。这些研究确切地表明，如果我们能够在课堂上有效地实施合作学习，学生的学业成绩将会得到提升。本节随后部分还会更为全面地介绍相关论证。

斯莱文指出，有效的合作学习需要具备两个要素，一是小组学习目标，一是个人问责。（Slavin，1991，p.105）换句话说，当我们强调了团队意识（协作），并且采用了合适的方法来检测个体学习效果，学生的个体成就将会得到显著提升。

斯莱文的研究结果不止于此。其研究还指出，合作学习对学生的自尊及相关领域、学生对学校的态度也产生了积极的影响。（Slavin，1991，p.100）如今，合作学习被认为是开展差异化学习的最有效的工具。"当老师在课堂上精心地实施了合作学习，并将学习任务做了差异化的处理时，就能够实现学生学习的个性化，帮助学生协作，在小组共同努力的背景下考验个体的学习，并且鼓励学生彼此欣赏各自不同的能力和经验。"（Schniedewind，Davidson，2000，p.24）

换句话说，合作学习的有效实施，可以帮助学生在学业表现、社会性和情感方面的水平得到提升。大量研究（甚至包括纸笔测验和标准化测验）已经支持了合作学习促进学业成绩提升这一结论。学生通过相互支持的方式，学习相关的社交技能。在情感领域，学生的自尊水平也在提升。但需要说明的是，这些学生的进步完全建立在合作学习能够有效实施的基础之上。

实践益处

▼

个体层面

很显然，当我们在课堂上有效地实施了合作学习后，学生个体将会获得巨大的收益，这一点毋庸置疑。对大多数学生而言，合作学习首先会让他们的学业成绩得到显著提升。

斯莱文曾经总结过 67 项有关学生学业成绩与合作学习之间关系的研究。（Slavin，1991，p.76）在这些研究当中，61% 的结论显示合作学习能够显著提升学生的学业成绩。同时，研究还显示了学生个体的自我价值感会因合作学习的展开而显著提升。老师们表示，许多目标不明确、对学习感到困惑的学生在课堂小组合作学习中极其投入，并从此找到了自己的成长道路，提升了自我价值。此外，当学生更多地参与合作学习，他们对待彼此的方式、方法也会发生显著的变化。我们还发现，当老师在课堂上有效实施了合作学习后，因学生纪律问题而产生的课堂管理事件的数量也在显著下降。同时，学生也学会了更多与同学有效沟通的方法。

课堂层面

当整个班级受到合作学习的良好训练时，老师就可以更多地巡视课堂，聚焦于那些需要额外关注的学生。合作学习的课堂就变成了一个行动学习的研究实验室，到处都能听到学生交谈和探讨的声音，到处都能感受到学习的快乐与激情。

当不同的学习小组各司其职，研究热带雨林的不同构成时，整个课堂就变成了一个热带雨林；学习海洋学知识时，合作学习的方式甚至会让整个课堂变成海洋；如果用合作学习的方式学习莎士比亚的戏剧，课堂则会变成16世纪的英式小屋或城堡。在这种情况下，老师就不再是在监控30个独立学生的学习了，而是在管理几个参与不同学习项目的合作小组。

学校层面

当整个学校层面都实施了合作学习时，每一位老师都将从中受益。在这类学校中，即便是那些在学年之初刚刚进入学校的学生，也已经对一些合作学习的方式、方法比较熟悉了。这就是说，当老师给合作小组分配不同的学习角色时，学生们都已经知道了这些角色意味着什么。当老师提到某种特定的社交技能时，学生也完全理解老师所指的是什么。当学生越来越适应在合作小组中开展学习时，他们也就更加乐意去承担各自的学习责任了。

在这些适应了合作学习的学校里，老师的挑战在于，要持续不断地变换合作学习任务、组织方式和学习方法，以不让学生对合作学习的形式感到乏味。

因此，需要再次强调的是，合作学习需要老师之间展开高度的沟通和规划设计，以确保每一个单元的学习对学生而言都是一次新鲜而有挑战的历程。

社群（社区）层面

有效地实施了合作学习的课堂，会成为一个合作学习实验室。这样的课堂，不可能滋生敌对意识和过

分竞争的思维模式。因此，合作学习的课堂就自然会像一个社群一样运转起来。通过这种方式，学生被鼓励去发现和了解他人的优势与长处。通过这种方式，课堂的多元性也得到了有效保护。

一些老师曾经利用合作学习小组完成社区服务的学习项目，如清理河道，改造和美化停车场，采访养老院的老人们。这些社区服务项目会对学校周围的社区产生重要影响，会为学校和社区之间的沟通开辟新的渠道。毋庸置疑，随着学校与社区合作意识的逐渐增强，当学校成为开展合作的典范时，整个社区都会感受到由此带来的不同。

工作场所

企业也非常需要那些懂得如何与他人相处并能合作完成工作任务的雇员。企业家们认识到，越是复杂的工作任务，越需要团队的齐心协力。无论是在大学、工厂车间、医院还是大型公司，大量的工作任务需要团队合力执行。合作学习的训练，为那些尚未成熟的雇员提供了技能基础，使他们能够在与团队相处时感到舒适，共担任务，作为团队成员相互支持。

合作学习有讲究

　　如果有学生和家长质问我们为什么学生必须以合作学习小组的形式展开学习，上述这些都可以作为有力的回应，以激励那些在合作学习面前犹豫不决的学生加入进来。

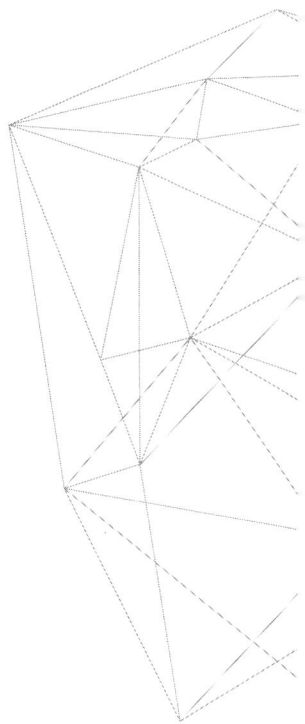

合作学习的课前准备

【第二章】

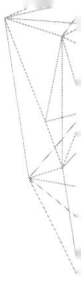

一所 k-12 学校决定对其组织结构和课堂教学方式进行全面的改革。

管理层和教职员工一道进行了为期两天的战略规划工作坊，旨在把所有人对学校的愿景凝结起来并制订能够实现这些愿景的计划。随后不久，这所学校的老师们又投入另一个专业发展项目，接受了有关合作学习和其他教学策略的培训。学校的发展顾问经常回到学校为老师们提供有关培训，同时评价课堂教学的真实进展。学校也在逐步实施规划方案，以落实学校组织结构及课堂教学改革。在这个过程中，一系列经过深思熟虑的决策得以制订和落实。

当老师们想要在课堂上实施合作学习时，有六个方面的因素是需要提前考虑的：沟通交流、空间物料、小组构成、课堂支持、管理策略和成就监测（如图 2-1 所示）。

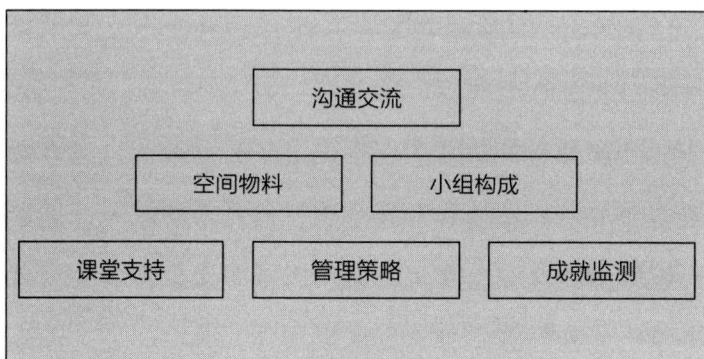

图 2-1　金字塔状合作学习课前准备六要素

注：版权归 Fogarty & Associates 有限责任公司所有

　　这六个要素中的每一个要素都各有侧重。

　　"沟通交流"提醒老师在正式开启合作学习之前，必须和一些关键人物（详见下节介绍）进行提前确认。

　　"空间物料"是指在实施合作学习项目之前，老师需要提前准备好所需要的空间环境和各种"道具"。

　　"小组构成"则会就如何展开分组提供一些提示和建议。

　　"课堂支持"是指设计合作学习课程时需要考虑的一些要点。

　　"管理策略"是指为启动合作学习所做的管理方面的支持。

最后，"成就监测"为老师们提出了合作学习环境中的评估问题和对学习问责的问题。

沟通交流

▼

让学校的关键人物了解老师在合作学习的课堂上会做些什么，这一点非常重要。首先，合作型的学校管理者很重要，他们能够支持老师们为了实施合作学习而付出的沟通方面的努力。其次，帮助家长理解实施合作学习的原因，能够起到防患于未然的效果。最后，老师还需要激发学生对合作学习的兴趣与期待，这将有助于课堂模式的整体转变。

与学校管理者的沟通交流

老师在实施合作学习的初期应将相关计划告知学校管理层，这一点非常关键。最为重要的是，老师必须将学校管理者纳入自己的合作学习计划，这也是一种战略常识。

通常来讲，当老师将实施合作学习的计划告知学校管理者时，后者大致会有三种反应：最有可能的反应是学校管理者会表现出非常支持的态度，这无疑对老师的帮助很大；第二种反应是学校管理者会向老师进行质疑，或表现出不确定的态度，如此，老师就更有必要将学校管理者纳入自己的计划，并小心地推进整个计划，从而逐渐赢得他们的支持；最后一种是老师最不愿意看到的反应，即学校管理者对整个计划持消极态度，但是，即便他们可能并不支持老师开展合作学习的想法，但你主动告知，至少他们不会为这一计划制造更多的障碍和麻烦。

与家长的沟通交流

实施合作学习之前，家长们肯定希望老师能够就合作学习计划对其进行解释。很多家长其实在此前也听说过合作学习的概念，并且也会有一些家长对合作学习存在各种疑问（如表 2-1 所示）。家长们首要的焦虑集中在给小组打分这个方面。家长和学生都会担忧：学生的成绩会不会因为小组内其他学生的表现而被拉低？这就是我并不建议在合作学习过程中只为学习小组打分的原因之一。我认为，在合作学习过程中，老师只需要对学生个体的努力和学习结果进行评价打分。向家长明确说明这一点，会极大地减轻家长的焦虑。

表 2-1 有关合作学习的常见问题清单

1. 传统的教学方式有什么问题吗？

传统的教学方式并没有什么特别的问题，但是，很多学生在传统的教学方式下其实没有在学习。我建议实施合作学习，其实是在建议用大量不同的教学方式来满足学生以不同方式进行学习的需要。

2. 理想的小组人数是多少？

最理想的小组人数应该是三到四人。但是，小组人数有时候取决于全班学生对合作学习的熟悉程度。

3. 如果有学生在合作学习过程中一点儿都不参与，你会怎么办？

首先，我会认真研究学生不参与合作学习的真正原因。也许是由于小组内的同学刚刚嘲讽了他，又或者家里有什么事情正困扰着他。对于这类不参与的学生，我会在一开始先要求其承担独立学习的责任，先完成自己应该完成的学习任务；之后，我会邀请他和我一道展开学习；最后，我才会尝试让他与其他学生开展合作学习。

4. 老师才是专家，难道不应该由老师来向学生传授知识吗？

在合作学习过程中，老师仍然是老师，还要负责教学，而且他会更紧密地监控课堂上到底在发生着什么。在需要的时候，他也会为全班学生直接传授一些知识，以便合作学习小组能够更好地完成学习任务。

续表

5. 孩子们怎么才能互教互学呢？

孩子们互教互学的方式、方法和成人教孩子的方式、方法是一样的。他们会相互交流、展示、示范和解释。事实上，老师们可能都会有这样的经历，有时候，学生自己说出来的内容会与老师在课堂上一遍遍强调的内容分毫不差。但如果学生在交流中向同伴传递了这一内容，听者很有可能正是在这个时候才第一次准确理解了老师教的是什么。

6. 万一学生在互教互学时出现了错误怎么办？

对于这一点，还是要重复强调一下，在合作学习课堂上，老师会更加紧密地监控课堂上到底发生了什么。在学生合作完成小组任务的过程中，老师可不是坐在桌前干其他的工作，而是会四处巡视，倾听各组的对话交流，确保学生们在分享交流时不会传递错误的信息。

7. 你如何才能避免有的学生在小组合作时为其他孩子代劳了全部的学习任务？

通过谨慎地将小组学习任务结构化，仔细考虑和明确小组中每一名学生的角色，老师就可以确保所有的学生都能有效地参与到小组合作学习任务中。通常来说，如果我们将小组学习任务拆分成若干部分，并要求小组内的每一名学生负责完成其中的某一部分，那么，老师就完全有可能确定每一名学生在完成小组学习任务过程中到底做了些什么。

8. 你会怎么给孩子评价呢？（你会给小组打分吗？）

虽然很多老师都有为小组打分的好办法，但我强烈建议在合作学习过程中老师只为学生个体打分——特别是在实施合作学习的初期。在合作学习过程中，为小组打分常常是最受争议的教学策略之一。换句话说，学习可以通过合作完成，而作业、任务应由个体完成并受到评价。

　　此外，家长对合作学习的担忧还表现在，在合作学习小组中会不会存在个别学生承担全组学习任务的现象。为了避免这一情况发生，老师就需要将学习任务分解到每一个人，以便使小组中的每一名学生都清晰地知道他们具体要做什么。由此，前文提到的合作学习六个核心要素之一的"个体成就"就体现出重要性了。老师们要确保家长能够消除疑虑，理解这一点，这也是非常重要的。所以，不妨考虑在家长开放日给学生家长上一节合作学习示范课，以便其获得有关结构化小组学习的直接体验。

　　另一种赢得家长信任的办法是给家长写一封简洁的信，介绍自己打算开展合作学习的计划。家长提前了解越多有关合作学习的信息，就越容易消除对合作学习的顾虑和担忧。图 2-2 所示就是想要开展合作学习的老师写给家长的一封信。

亲爱的家长：

写这封信，是想和你分享一种被誉为"最佳实践"的教学策略，我打算在你孩子的班上使用这一策略。你我都希望孩子在学习上能获得最大程度的进步。正是因为这一点，我才打算在课堂教学中花一部分时间，让孩子们在高度结构化的小组里共同学习，共同完成任务。

换句话说，我们除了会以传统的方式教学之外，还会在课堂上花一些时间开展小组合作学习。不可否认，有些孩子在传统的方式中通过独立学习能够学得更好一些，也有很多孩子会在更加互动、协作的氛围中学得更好。但是，在生活中，这两种学习方式都是需要的，这两种学习的技能也都需要得到培养。

如果你对这种新的学习方式有任何疑问，请和我电话联系。我的电话号码是××××××××。此外，我还将在10月5日下午放学后4点至5点做一节合作学习示范课，10月7日学校家长开放日那天晚上7点至8点，我也会做同样的一节示范课。两节示

图2-2 一封写给家长的介绍合作学习的信

范课后，如你有问题，欢迎到时与我现场交流。

　　感谢你对我工作的支持！

×××老师

××××年××月××日

图2-2 一封写给家长的介绍合作学习的信（续）

与学生的沟通交流

　　最后，毋庸置疑，**老师要让学生们清楚地知道在开展合作学习之后课堂的学习将会如何进行，帮助他们对这种转变做好准备。**和学生谈话，向其介绍小组合作学习如何开展，将有助于提高学生对合作学习的期待。老师不妨在公告栏上发一则通知，让学生逐渐熟悉并交流讨论合作学习。或者，在教学过程中，先让学生两人一组完成一些简单的学习任务，也是在让学生为合作学习做准备。再或者，请学生和你一起制订一些基本的合作学习规则，也能赢得学生对合作学习的支持。当合作学习在课堂上得到很好的实施时，学生就会成为老师最好的盟友。

空间物料

▼

良好的合作学习不是凭空产生的。任何一节课，无论是否使用合作学习，都需要老师提前做好准备。具体到有些课，甚至需要特别的空间物料或"道具"。我们先来看看三类具体的"道具"：空间布置、教师教具以及学生学具。

空间布置

空间布置对实施合作学习具有引导性。如果打算将每一组学生的人数定为三至四人，那就需要把每一组桌椅安排得足以容纳三至四人。虽然有很多老师认为，教室空间狭小，难以按上述方式来安排，但事实上，秧田式的桌椅摆放其实并不节省空间。重新摆放桌椅后，要确保老师能在组与组之间穿行自如。

此外，在教室整体布置过程中，需要在教室里开辟一处角落存放各类合作学习用具，并且尽可能地在教室里布置一处或多处"学习中心"。同样，这种工作也是激发学生参与的机会：让他们帮着一起来布置。

我身边曾发生过一个小故事，从中或许能看出教室空间布置的影响。有一年，我访问一所教会学校，当我进入一位 72 岁高龄的修女老师的教室时，我很快发现其中的桌椅是按照四人一小组来布置的。尽管我并没有直接的证据证明这位修女老师当时正在采用合作学习来组织教学，但我能从这种教室的布置上看出，她是在鼓励学生之间相互交流。

教师教具

课前，老师们通常都要对本节课所需的物料进行缜密的思考和准备。戏剧课上，如果老师在某个环节突然发现缺少相应的物料而不得不四处寻找，那整堂课的效果就会受到影响。同样，老师在准备物料时，应当尽量考虑那些比较容易获得的物料。现实一些总是好的，它能够让我们在课堂上避免浪费精力和出现不必要的焦虑。在物料的选择上，应聚焦于手边易得的而不是那些华而不实的材料。

图 2-3 列出了老师们普遍认为对合作学习比较有帮助且容易获得的物料。

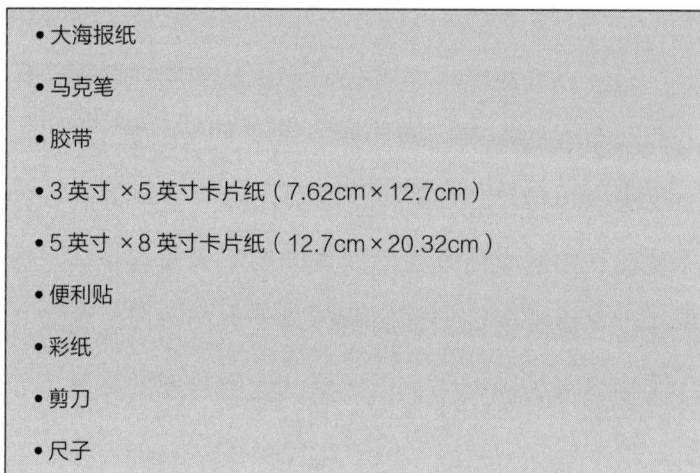

- 大海报纸
- 马克笔
- 胶带
- 3 英寸 × 5 英寸卡片纸（7.62cm × 12.7cm）
- 5 英寸 × 8 英寸卡片纸（12.7cm × 20.32cm）
- 便利贴
- 彩纸
- 剪刀
- 尺子

图 2-3　完成合作学习任务所需的一般物料

学生学具

前文提到的那些老师用的教具同样可以作为学具提供给学生。此外，有些老师还提前准备一些塑料袋或塑料盒来收纳学生的学具，或是为不同阶段的课程储存一些材料。提前准备好这些学具，能够让合作学习的课堂更为顺畅，也有助于老师把更多的注意力聚焦在监督各个小组的合作状况上。

小组构成

▼

在合作学习课堂上，对学生分组是一项非常关键的决策。有时候，老师需要学生两人一组展开讨论；有时候，三至四人一组可能更为有效。有时候，小组可以是非常随机和即时形成的；但有时候，特别是当学生需要花大量时间才能完成学习任务或项目时，如何对学生进行分组就是一个值得仔细思考的问题了。

小组规模

很多老师都想知道，一个有效的合作学习小组应当容纳多少学生。决定组内人数的一个重要因素是，老师要考虑在合作学习方式下，组内人数控制在多少时班里的学生能感到舒适。实施合作学习初期，为了让学生感到舒适，可能两人一组比较适宜。当学生逐渐适应了这种学习方式后，就可以增加组内人数。换句话说，**在合作学习的起步阶段，老师只需要让学生结伴学习，然后逐渐将组内人数增加至三人、四人，甚至是五人。**约翰逊兄弟认为三人是最理想的组内人数，而卡根则更倾向于四人一组，后者的理由是，四人一组更便于老师在教学过程中根据需要临时将小组拆分成两个两人"小小组"。

决定组内人数的另一个因素是学生合作学习任务的性质。如果完成学习任务需要学生花二十到三十分钟的时间，那么三人一组可能是比较合适的。而如果比上述任务更为复杂精细，那么四人或五人一组可能是更合适的。这一决定因素就要求老师对学习任务本身进行细致的分析。老师需要将组内人数和学习任务匹配起来，以便组内的每一名学生都能全身心地投入学习任务。

老师还要特别提醒自己，如果组内人数过多，势必会有学生游离于学习活动之外。而一旦出现这种情况，就会产生纪律问题，影响教学。

此外，教室空间的大小和全班学生的人数规模也决定着小组规模。例如，如果全班学生有三十人，那么三人一组分成十组来布置教室，空间就会比较局促，学生也会不太舒适，改为四人一组，分成七至八组就相对比较合适了。

异质分组

对于小组构成，老师们常常关心的问题是究竟怎样分组才能产生最好的学习效果。解决这个问题的关键可能在于小组的构成要异质化。

从原则上讲，合作学习小组应当包含能力较低的学生、能力中等的学生和能力较高的学生，以便促进彼此之间的讨论、相互学习以及检验答案的准确性。（Johnson，Johnson，& Holubec，1986，p.29）

这样的异质分组是把学生按学习水平低、中、高进行划分的，但其实也可以按照学生不同的智能优势（视觉—空间智能、逻辑—数学智能、语言智能、音乐—节奏智能、身体—动觉智能、人际交往智能、自我认知智能和自然观察智能）进行异质分组。换句话说，将具有不同智能优势和天分的学生异质组合，能够让组内学生体验到多样性的价值。

要体现多样性，就要求老师给学生布置的学习任

务更具创意、更为明智。要体现多样性，就意味着组内学生需要调动不同的智能优势才能成功地完成学习任务。也就是说，如果老师布置给合作学习小组的任务是阅读一段文字，那么，这种任务就仅仅调动了组内那些阅读技能比较强的学生进行学习。但是，如果在布置学生阅读文字的同时，要求各个小组创作一幅图形组织器，或用图画、戏剧表演的形式来表达其阅读后的感受和收获，那么，小组要想成功地完成这类学习任务，就需要调动组内拥有相应类型智能优势的学生的积极性。

小组开展回顾反思的方法

小组构成是否成功，小组合作是否成熟，一个关键的影响因素是老师是否有意识地让小组就合作本身进行反思。因此，小组合作过程中，提出引导小组进行回顾反思的问题就非常重要。这类问题可以是非常简单的任务（如图2-4所示），比如给小组留出一些回顾反思的时间，给他们一些为自己的学习鼓掌喝彩的机会，以及鼓励他们思考和分析今后如何合作会更加有效。

- 请根据你在团队中的合作表现，按照从 1 到 10 的等级，为自己打分。

- 谈一谈你在帮助组员完成今天的学习任务方面给予了哪些支持。

- 今后你会如何提升自己在小组中的表现？

图 2-4 帮助合作学习小组反思其合作过程的问题

课堂支持

▼

　　当老师想要创设一节合作学习课时，他有很多细节需要考虑。比如，不同类型的课需要老师融入不同的教学策略，因为如果每堂合作学习课看起来都没什么区别的话，学生很快就会厌烦合作学习。再比如，老师还需要向学生说明具体的学习任务是什么，并让学习任务的结构尽量清晰。此外，围绕结构化的学习任务，老师应当赋予组内每一名学生不同的角色，以便让每一名学生都能参与到课堂中。

多样的教学策略

刚开始实施合作学习时，如果手边有大量不同的、可用的教学策略，对老师来说是很有帮助的。如果在一节又一节的合作学习课上，总是重复使用相同的策略，那会很快耗尽师生的精力和兴趣。在合作学习课上，经验丰富的老师会时常变换分组的方式，使用不同的图形组织器，教授不同的高阶思维技能和社交技能，并且会变换学生产出作品的类型。本书参考文献部分也有不少介绍教学策略的书籍，建议老师们阅读、吸收，提高自己对不同教学策略的运用水平。

结构化的学习任务

给小组布置明确的学习任务是非常重要的。如果老师布置的任务是模糊的、令人困惑的，那么小组里马上就会出现嘈杂的议论声，学生们必然会不断地相互询问和确认老师到底要他们做什么。

例如，某个老师可能会说："请阅读这一章，然后准备向其他同学做汇报。"这样的任务指令就非常模糊。但是，如果老师这样来发布任务指令，就会更有帮助："当你们个人阅读完这一章后，请以小组为单位准备一次汇报。汇报需要包含你们组对本章内容的五点共识，并说出这些观点对社会的三个影响。三十五分钟后，各组汇报。"请注意，在后一个任务指令中，老师不仅将学习任务具体化了，而且还明确规定了任务完成时间。

另外，清楚地知道自己所布置任务的复杂程度也是非常重要的。 过于简单的学习任务，既无法激发组内每一名学生的思考，还可能导致学生厌学或课堂纪律混乱；而过于复杂的学习任务会让小组感到压力过重，甚至畏缩放弃。例如，仅仅发给每个小组一张学习任务单，让他们以小组为单位来填写，并不是一项能够充分体现合作学习的任务。同样，如果想让小组在一节课内读完十篇文章并创设一幅图形组织器，完成这样的任务也只会是一种奢望。

组内成员的角色

在开展合作学习之前，把角色分配到个人，这一点被很多实施合作学习的老师看成一种有效的技巧——能够帮助小组成员有效地开展团队合作。

在教学实践中，组内成员实际承担的角色，通常由学生所在的年级、老师所教的学科决定。当然，我也在图 2-5 中列举了一些常用的组内成员角色。如果是语文学科，老师可能会增加一个"文字编辑"的角色；数学老师或许会认为增加一个"计算及检验员"的角色很有用。**为组内每一名学生赋予一个具体的角色，能够确保每一名学生参与到学习中来。**

在实际操作中，还要不断地轮换组内成员的角色，这样做有很多好处：可以确保不让某一名学生一直左右全组的合作、持续领导小组完成任务，不同的角色也能带来不同的责任意识，由此，每一名学生的领导力就会得到不断提升，每一名学生也会在完成任务的过程中不断投入，锻炼其优势智能，并且也有了更多通过练习提升弱势智能水平的机会。

- 组织者 / 组长

- 鼓励者

- 记录员

- 物料管理员

- 汇报员

- 计时员

- 检查员

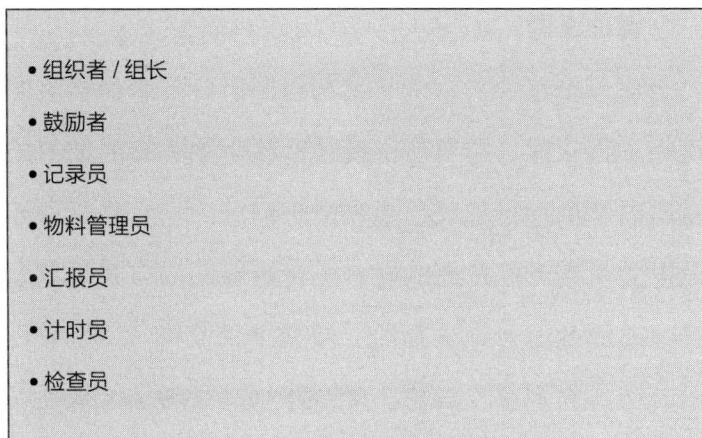

图 2-5　一些常用的组内成员角色

管理策略

▼

　　合作学习中使用的管理策略主要是指一些帮助老师以全局意识来管理整个班级的方式、方法。这类策略建议，能够帮助老师消除潜在的障碍，使实施合作学习的过程更为顺畅。

管理工具

对一个包含七八个学习小组同时开展合作学习的班级进行管理，与对在讲授式背景下的三十名秧田式就座的学生进行管理，是完全不同的。尤其是两种课堂上，学生可能发出的噪声（讨论嘈杂的声音）程度是很不同的。对前者而言，噪声的分贝肯定高一些，但具体会高到什么程度，实际上取决于老师的管理。

为了控制好这种噪声，有些老师会使用一些信号（暗号）手段。比如，有些老师会要求学生在看到老师举起一只手时，也举起自己的一只手并停止讨论，这样就能把全班学生的注意力重新集中到老师这里来；有些老师则会使用特殊的铃声来提示学生"现在是全班集中讨论的时间了，请安静下来"；有些老师会使用某种手势来表示"请继续小组讨论，但请同时控制一下音量"；还有些老师会通过开关灯的方式提示学生将注意力从小组讨论转移到全班集中讨论上来。

随着时间的推移和管理工具的持续应用，学生会逐渐形成遵从这些技巧和手段的习惯。此外，老师也可以邀请学生提供一些他们认为比较适合在合作学习过程中使用的信号，请他们来设计，并将这类信号归入班级学习公约（下文会谈到）。

班级学习公约

合作学习的课堂往往会显得比传统课堂更加忙碌和碎片化。合作学习的引入，使课堂变得更加生动和有活力，这就需要师生共同创设一些班级学习公约，以便所有学生都能够更好地管理自己的学习。

图 2-6 为我们呈现了一些可能的班级学习公约。将这类学习公约写在大海报纸上并贴在教室的墙壁上，可以让学生方便地看到和运用这些公约。如果课堂中某个学生出现纪律问题、不能很好地管理自己，这种可视化地呈现学习公约的做法，就能让其他学生快速借助这些公约来提醒他，从而实现班级的自我管理。

- 轮流发言，一个接一个。
- 鼓励宽以待人，嘲笑他人于事无补。
- 可以不赞成观点，但不可攻击人格。
- 小声在组内讨论，大声在全班分享。
- 每个人都有参与的机会。

图 2-6　一些可能的班级学习公约

需教授的社交技能

在当前这样一个电视和电脑随处可见、高度移动化、父母工作繁忙的时代，许多学生的在校表现表明我们需要帮助他们学习掌握一些社交技能。对于一些学生来说，甚至连使用"请"和"谢谢"这样简单的礼貌用语都显得很难。可以肯定的是，如今很多学生都需要专门学习，才能学会轮流发言、不嘲笑他人等一些基本的社交技能，更不必说解决冲突争端的技能了。

现实中，老师们希望学生掌握的社交技能有二三十种之多。尽管本书第四章会重点讨论社交技能，但对老师而言，在决策使用合作学习时，仔细考虑教给学生哪些必备的社交技能是非常重要的。

如果把社交技能看成一整块具体的教学内容，那么很明显，**老师不可能一次性地把所有社交技能都教给学生**。比较现实的做法是，我们可以把这些社交技能的教授和练习分成若干阶段，先思考和决定哪四五种技能是重要且需要首先学会的。（图 2-7 向我们展示了一些合作学习过程中值得拥有的社交技能。）同样，如果将这些技能写下来并粘贴在教室墙面上，也能在学生需要回顾和参照践行时给予其直接的提示。当学生已经熟练掌握这四五种技能后，老师就可以从其他社交技能中再选几种重要的技能教给学生。

• 一个接一个，轮流来	• 专心倾听	• 降低说话的音量
• 鼓励	• 分享	• 让所有人都参与进来
• 互相帮助	• 尊重不同意见	• 将观点进行分类
• 转述观点	• 提供不同选择	• 提出自己的观点
• 相互信赖	• 体察他人情绪	• 整合各种观点

图 2-7 合作学习过程中值得学习的社交技能

成就监测

▼

所谓成就监测，包括对学生个体的学习成果和小组的合作过程进行评估和评价。老师将学生的学习成就与成长进步以书面形式记录下来，并选择恰当的时机进行鼓励和庆祝。而具体如何进行评估，则需要老师在开展合作学习之前就考虑周全。

学生个体对学习负主要责任

正如前文中已经提到的，成功实施合作学习的关键在于建立起学生对个人学习负责的机制。尽管就字面意思来说，合作学习是指学生的学习要在适宜的小组合作背景下实现，但总体来讲，在绝大多数时候，对合作学习的评估要聚焦于学生个体。

举例来说，学生可以以小组合作的形式创设出一幅图形组织器，但在这个过程中，每个学生要分别填写图形组织器中某一部分的具体内容。（有些老师会提前为小组中的每一名学生准备不同颜色的马克笔，这样，当完成图形组织器的内容填写后，老师很快就能识别出其中的每一项内容具体是由哪一名学生填写的。）

在布置合作学习任务时，需要设计让学生个体完成的任务，以便能够体现出学生个体的学习成果。 在小组合作学习之后，可以紧接着设置各种测验和考试。最终，就像传统课堂一样，老师根据测验和考试中学生的表现来为个体打分并记录成绩。

对合作学习小组的评估

尽管合作学习中的评估和评价主要是落在学生个体身上，但老师也可以用多种方式来对小组合作的过程和合作本身进行监控和评估。老师可以用观察清单来记录每个小组的合作状况，也可以让小组成员来评估自己小组的合作状况；同时，每个小组在全班面前做的成果汇报也能反映出小组学习的效果。所有这类评估方式都能帮助老师找到反映小组合作凝聚力和有效性的证据。而这些切实的证据，实际上是小组开展合作的重要基础。

奖励、刺激和庆祝活动

是否应该对学生个体或小组在课堂教学中的参与情况进行奖励，每一位老师常常根据自己的教育信念做出决定。有时候，像小贴画、小星星图标之类的东西也能够在很长一段时间内激励学生的学习。当老师改变了教学方式，比如在课堂中引入合作学习时，奖励和刺激能及时激发学生在接受新鲜事物过程中的良好表现。

一些老师可能不认可奖励和刺激这样的手段——

事实上，他们也做了一些有益的思考，认为在课堂上的奖励和刺激无助于学生的学习，那么，或许**时不时地组织一些庆祝活动能够向全班学生表明大家在合作学习过程中取得了多么棒的成就。**这类奖励和刺激可以是一起看场电影，延长一些休息的时间，给学生提供一些游戏的机会，讲一个故事，给大家一些好吃的东西，以及任何能够向学生表明"你们做得很棒！"的活动。

表 2-2 总结了本章提到的有助于实施合作学习的一些课前准备工作。

表 2-2　有助于实施合作学习的一些课前准备工作

沟通交流	空间物料	小组构成	课堂支持	管理策略	成就监测
与学校管理者的沟通交流	空间布置	小组规模	多样的教学策略	管理工具	学生个体对学习负主要责任
与家长的沟通交流	教师教具	异质分组	结构化的学习任务	班级学习公约	对合作小组学习的评估
与学生的沟通交流	学生学具	小组开展回顾反思的方法	组内成员的角色	需教授的社交技能	奖励、刺激和庆祝活动

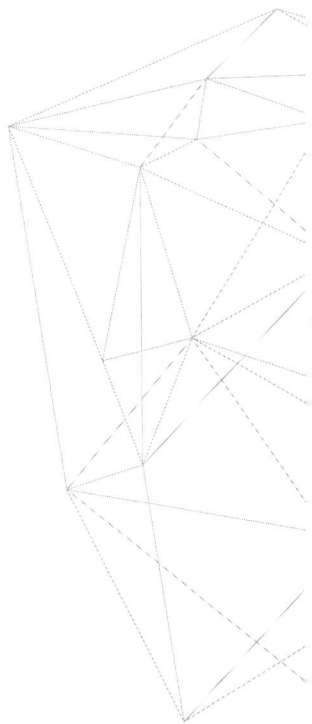

合作学习的活动设计

【第三章】

一位高中法语老师刚接受完几期有关合作学习的培训。回到课堂，正赶上她要为高一学生教授一些关于人体五官方面的词语。她将学生分成两人一组，组内每个学生需要在一张大白纸上描画出对方的头部，并在画上用法语标注出"头发""眼睛""鼻子""耳朵""嘴唇""嘴巴""脸颊"等词语。在合作学习培训现场，她很自豪地展示了学生的作品并分享了自己的发现——在这样的课堂上，学生学习词汇的速度大大提高了！

另一位接受过合作学习培训的小学老师称，在她讲授环境知识的一堂课上，围绕"濒临灭绝的动物"这一主题，她将全班学生分成多个小组，每组学生选择研究一种濒临灭绝的动物。在各组汇报时，组内每一名学生都要装扮得尽可能像被研究的那种动物，并且模仿其生活习性。最终，在整个汇报过程中，所有学生都非常地投入和专注。

本章分为三个部分，如图 3-1 中圆圈中的文字所示。第一部分描述了一些具有较强互动性的、可面向全班学生使用的合作学习活动设计。这类活动可以在合作学习实施初始阶段向学生介绍合作学习时使用。

第二部分描述了两人一组的合作学习情境下可以使用的四种活动设计。这类活动是学生进一步适应合作学习这种互动性较强的学习方式后可以尝试的做法。第三部分则描述了适合三至四人小组的活动设计，三至四人是最有效的合作学习小组规模。

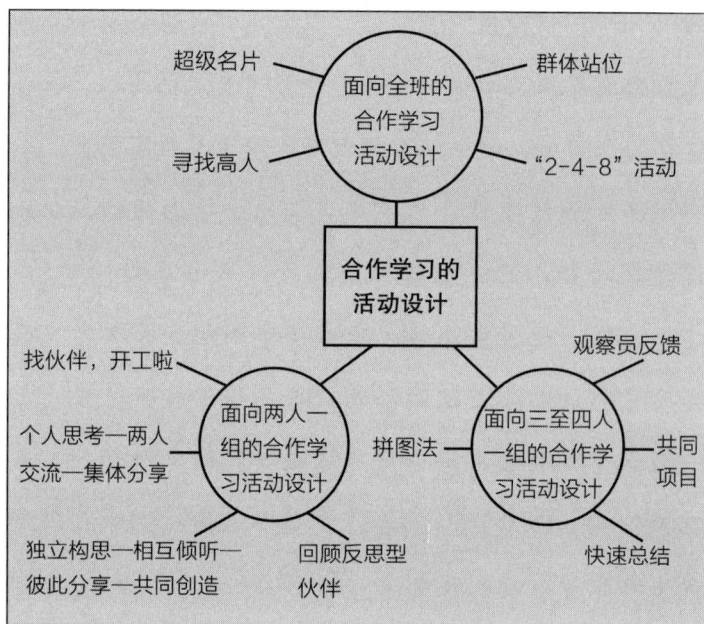

图 3-1　合作学习的活动设计

面向全班的合作学习活动设计

▼

　　在使用两人一组的活动设计之前，想要在课堂上顺利实施合作学习，老师们可以尝试运用一些面向全班的合作学习活动，来帮助全体学生适应这种新的、不同的学习方式。（如图 3-1 所示）在使用这种面向全班的合作学习活动之后，老师不妨提几个反思性的问题，问问学生对这些活动的感觉如何。学生们反思后的回答，能够帮助老师确定学生是否已经准备好参与更为复杂的合作学习活动。

超级名片

　　贝兰卡和福格蒂在其合著的《合作学习课堂中的思维蓝图》一书中，介绍了被他们称为"超级名片"（business card）的活动设计。（Bellanca，Fogarty，

1991，p.32）这个活动设计特别适合用在开学初，方便增强师生间的了解。并且，这也是一种能够帮助老师教授某些学科知识的有效策略。

如果老师想把这一设计用于破冰活动，那就需要给每名学生发一张空白卡片，并请学生把自己的名字写在卡片的正中央。接下来，老师选择四个能够体现个人特点的话题，学生把答案写在卡片的四个角上：比如兴趣爱好、天赋或技能；喜欢的男演员或者女演员，最喜欢的乐队；假期想去旅游的目的地；感到恐惧和担忧的事物；等等。

然后，请学生离开座位，在教室四处走动，将自己在每一个角上写下的答案和不同的同学分享，并要求他们在相互分享完一个角的答案之后，才能去找下一位同学分享下一个角的答案。图3-2展示的就是用于破冰活动或团队融合的"超级名片"示例。

假期我特别想去旅游的一个地方	我特别害怕的东西
姓名	
我最喜欢的乐队或演员	我的爱好、天赋或擅长的某项技能

图3-2 "超级名片"示例1：破冰活动或团队融合

如果将这一活动用于教授学科知识，例如，作为数学老师，你或许可以让学生将某个数字写在卡片的正中央，然后请学生在四个角上创设四道不同的题目，要求其答案都能等于中间这个数字。或者，如图3-3所示，英语老师可以将某个文学作品中的人物角色姓名放在卡片的中央，四个角上，则可以让学生填写人物的身体特征、个性、发生的主要事件、人物最终结局等。和前面的用法一样，确定了这些内容并完成了个人的填写后，可以要求学生四处走动，和不同的同学分享每一个角上的答案。

这个角色在故事中的结局是怎样的？	这一人物角色有哪些身体特征？
人物角色姓名	
在故事中扮演的主要角色或涉及的主要事件	这一人物角色的个性特点如何？

图 3-3　"超级名片"示例2：理解学科内容知识

在开始某个单元的教学之前，许多老师会用"超级名片"这一活动设计来检验学生对新单元主题内容的了解程度。同时，这一活动设计也可以用在考前复习课上。老师可以将各种不同的主题放在卡片中央，然后让学生根据自己掌握的知识填写，再让学生在教室中与同学自由分享。老师在此过程中要进行监控，以确保学生在各个角上填写内容的准确性，且在交流时得到了正确的传播。

寻找高人

在贝兰卡和福格蒂合著的《合作学习课堂中的思维蓝图》一书中，以及福格蒂独著的《合作性互动的活动设计》（*Designs for Cooperative Interactions*）一书中，都提出了"寻找高人"（people search）这一面向全班的活动设计。（Bellanca，Fogarty，1991，pp.49，291；Foganty，1990，pp.34-37）

其操作步骤如下：首先，为每个学生分发一张A5纸大小的空白卡片。其次，让学生先在卡片中间纵向画一条线，再沿着卡片宽的三等分点横向画两条线，这样就把卡片分成了六个大小相等的小格子。在每个格子的顶部各写下一道题目或一个问题（如表3-1所示，表中列出了有关第一次世界大战的六道题目）。接下来，让学生在全班走动，找到能解决相应格子中题目或问题的同学。也就是说，每一名学生都

要找到六名同学，帮助自己分别解决卡片上的六道题目或问题。老师要建议学生，当每一道题目或问题得到解决后，帮忙的同学要把自己的名字签在题目或问题所在的格子里。得到一个签名后，就再换一名同学帮助自己解决下一道题目或问题。每个格子中只需要获得一个签名。

以下这类题目，都适用于"寻找高人"的活动：

• 找到能够帮助你列出 ×× 故事中四个主要角色的同学。

• 找到能够帮助你就某一科学方法列出操作步骤的同学。

• 找到能够为刚才所研究的戏剧改编结尾的同学。

• 找到能够用另一种方法来解决这道数学题的同学。

• 找到赞同或是不赞同文章作者观点的同学。

表 3-1 "寻找高人"示例 1：学习第一次世界大战有关知识

说出第一次世界大战爆发的原因。	解释一下为什么美国会参战。
想象一下如果美国不参战，会发生什么。	列举出第一次世界大战中声名显赫的三位将军的名字。
解释一下第一次世界大战是如何影响国际联盟的形成的。	想象一下如果国际联盟没有形成，会发生什么。

在使用"寻找高人"的活动时，要确保设计出的题目或问题能够调动学生不同水平的思维技能。也就是说，有些问题可能需要一些描述性的回答就可以了，有些问题则需要深思熟虑后再做出回答，并且答案可能还不唯一。

"寻找高人"是一种非常有效的、可以用来复习备考的活动设计。这一活动设计可以帮助老师强调一些重要的事实性知识，提出需要学生深刻思考的问题，并且还能帮助学生对所学主题有一个快速的把握和回顾。表 3-2 就向我们展示了一个运用"寻找高人"的活动来回顾 2000 年 11 月美国大选相关知识点的例子。

表 3-2　"寻找高人"示例 2：回顾 2000 年美国大选相关知识

列举出 2000 年美国大选中的六个重要人物的名字。	解释一下为什么这场竞选中两位候选人的得票数如此接近。
解释一下戈尔为何坚持"抵抗"多日才正式承认竞选失败。	想象一下，如果联邦最高法院没有叫停佛州最高法院的重新计票，那么随后会发生什么。
说出此次竞选活动的四个关键事件。	列出一个包含六个要点的方案，以保证这场竞选中出现的具有争议性的情况以后不会再发生。

群体站位

在贝兰卡和福格蒂合著的《合作学习课堂中的

思维蓝图》一书中，以及福格蒂独著的《合作性互动的活动设计》一书中，都提出了"群体站位"（human graph）这一面向全班的活动设计。（Bellanca，Fogarty，1991，pp.147，153，159-160，335；Fogarty，1990，pp.42-45）这一活动特别适合用来激发学生进行某些极具争议性话题的讨论或辩论。

首先，老师可以将特定主题的各种不同观点分别写到 A4 纸上，然后，将其粘贴在教室的四面墙上。这些观点之间要有跨度，从非常积极的、赞同的观点，到保持中立的观点，再到非常消极的、不赞同的观点。通常来说，五至八种观点会给学生比较充分的选择。接下来，当学生看完了所有 A4 纸上的观点后，请学生思考并选择站在最能够代表他们观点的 A4 纸下方，选择同类观点的学生要站成一排。

在 A4 纸所代表的观点下方站成一排的做法，比起让学生们举手表达各自的观点更加具象和直接。这种设计需要学生们动起来，也需要学生们付出更多的勇气，进而会使全班学生的不同观点以一种非常直观的方式展现出来。

在这一"群体站位"的活动之后，还可以紧跟着

设计一些活动。比如可以插入一些数学统计活动，根据学生的站位情况，制作出一幅柱状图，显示出选择不同观点的学生人数。选择相同观点的一组学生，可以一起合作研究，找出证据以支持他们的观点，或是准备一场辩论，又或者将他们支持这一观点的种种理由向全班做出说明。

当有关这一主题的教学活动全部结束之后，老师可以再做一次"群体站位"，让学生重新给出自己的观点，重新选择站位，并请他们解释为什么他们改变了自己的观点，或者为什么他们仍然坚持自己原来的观点。

图 3-4 向我们展示了一位老师运用"群体站位"进行教学的例子。我们很容易就能看出来，其中的很多观点都值得深入挖掘，都可以激发各个小组基于某一观点开展研究，并写出漂亮的文章。

美国的能源危机正在让人们感到焦虑，人们开始思考是否能够找到一些替代性的石油供给，以使美国摆脱对中东国家石油的依赖。我们的建议是到阿拉斯加野生动物保护区去开采石油。对此，人们有以下不同意见。

（1）我们需要石油。不惜一切代价得到它就是了。

（2）我们需要石油。制定严格规则，要想得到石油就必须人人遵守。

（3）由于"埃克森·瓦尔迪兹"号油轮泄漏事故[①]，我们已经对阿拉斯加的野生动物们造成了伤害，所以，还是不要打野生动物保护区的主意了吧！

（4）只有到了中东国家真的切断了对我们的石油供应的时候，我们再考虑开采这一野生动物保护区的石油吧！

（5）我们已经没有几块像这样宝贵的野生动物保护区了，因此，就别再打它的主意了吧！

可以把上述观点中的关键词分别写在不同的卡片上，然后把卡片贴在墙上，呈一条线，彼此分隔开一些（如按以下方式排列分开）。

关键词：

不惜一切代价		制定严格规则		持比较中立态度
	有条件才开采		坚决不开采	

图3-4 "群体站位"示例：美国的能源危机

---

① 1989年3月24日，美国埃克森公司的一艘巨型油轮在阿拉斯加州美国、加拿大交界的威廉王子湾附近触礁，原油泄出达800多万加仑（1加仑约等于3.785升），使得不少鱼类死亡，附近海域的水产业受到严重损失，纯净的生态环境遭受巨大的破坏。——译者注

"2-4-8"活动

福格蒂在《合作性互动的活动设计》一书中，提出了包含两人一组、四人一组以及更大的八人一组的活动设计，即"2-4-8"活动设计。（Fogarty，1990，pp.26-29）尽管在课堂上组织这种活动会更复杂，但实施这种活动收效甚好。通常，当老师让学生完成了某个小的学习项目，比如创作一首诗或写一段文字，解决了一个词语方面的问题，完成了一个小设计，为一个短小的故事创设了情节，等等，使用这个活动就非常合适。

当学生各自完成了学习任务后，老师可以将全班分成两人一组，组中 A 学生向 B 学生分享自己的学习成果，然后，B 学生向 A 学生分享自己的学习成果。一般每个学生可以花两分钟的时间来进行分享。

接下来，每两个两人小组合成一个四人小组，于是组内就有了 A、B、C、D 四名学生。这一轮，A 学生要向组内同学介绍 B 学生的学习成果，C 学生介绍 D 学生的学习成果；然后交换，B 学生向组内同学介绍 A 学生的学习成果，D 学生介绍 C 学生的学习成果。通常，给每个学生一分半钟的时间就足够了。

最后，请每两个四人小组组合成一个八人小组。这一轮，A 学生要向组内同学介绍 C 学生或 D 学生的学习成果，C 学生或 D 学生要向组内同学介绍 A 学生或 B 学生的学习成果。换句话说，在每一步里，组内每一名学生的介绍都不能重复，每一名学生的学习成果都要被介绍到。在这一轮，通常给每个学生一分钟左右的时间就够了。

总结一下"2-4-8"活动所需要的时间：第一轮两人一组的分享，总共需要四分钟；第二轮四人一组的分享，总共需要六分钟；第三轮八人一组的分享，总共需要八分钟。每一轮重新合并小组的过程可能要花费一点时间，再加上个别组在分享时可能会超时，整体"2-4-8"活动的时间留出二十到二十五分钟足够了。

即便班级人数不能正好被"8"整除，只要老师给学生灵活处理的权利，这一活动仍然能够在课堂上成功实施。当整个活动结束后，老师要给学生几分钟的时间去记录活动过程中所收获的观点和想法。之后，当然还可以组织学生反思一下通过这个活动他们到底学到了什么。

一般来说，当有机会听到这么多有创意的、差异化观点时，学生们都会很兴奋。不用说，这一活动需要学生具备多种社交技能，比如轮流发言和专注地倾听。此外，这一活动还需要学生具备批判性思维，比如短时间内总结概括的技能，以及在一两分钟内择要表达的技能。

当老师要求学生课后动手制作一些学习作品并将其带到下次课堂上来的时候，使用"2-4-8"活动也会产生非常好的效果。在这种情况下，"2-4-8"活动就成了一种学生之间分享有形作品的研讨活动。

面向两人一组的合作学习活动设计

▼

有很多简单的活动都适用于两人一组的合作学习。其中不少活动只需要花费几分钟的时间，对那些不太敢放手改变"控制型课堂"的老师来说，先用一用这类活动，会增添更多信心去尝试更为复杂的合作学习活动。图 3-1 已经向我们展示了几种两人一组的合作学习活动设计。下面分别介绍。

找伙伴，开工啦

福格蒂在《合作性互动的活动设计》一书中提出了这一活动设计（turn to your partner and...），并认为它是一种最简单的合作学习活动。（Fogarty，1990，pp.10-13）如果老师想要在班级里推行更为互动的学习方式，从使用这一活动开始就最合适不过了。

适用这一活动的场景有很多，比如在集中讲授完一段内容之后，或是在看完一段视频之后，又或者是在某个学习小组汇报完学习成果之后。此时，可以让每名学生寻找一名伙伴，彼此分享从刚刚听到、看到的内容中记住的五点信息。学生分享完后回到自己的座位上。然后，老师向全班提问，请部分学生分享自己从刚才听到的内容中记住了什么。

图 3-5 列出了一些适用于"找伙伴，开工啦"活动的教学示例。

找伙伴，开工啦——

• 分享你们各自认为这段视频中最重要的四点信息。

• 从刚刚听到的这个小组的汇报中，找出你们最感兴趣的三点内容。

• 把老师刚讲授的内容分成两部分，一人列举出前半部分所讲内容的四个要点，另一人列举出后半部分所讲内容的四个要点。

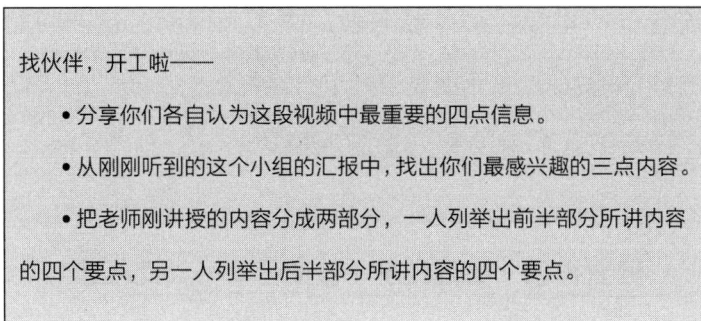

图 3-5　应用"找伙伴，开工啦"的一些示例

个人思考—两人交流—集体分享

福格蒂在《合作性互动的活动设计》一书中提出了这一活动（think，pair，share），它比前面的"找伙伴，开工啦"要稍微复杂一些。（Fogarty，1990，pp.18–21）首先，每个学生需要独立思考和解决某一特定的问题。其次，每个学生都要找到一名伙伴，交流彼此独立思考的结果。再次，两人就彼此的分享进行梳理和总结。最后，将各自的思考整合成更为精练的答案，在全班同学面前分享。

例如，老师可以让学生两两一组。每名学生先进行独立思考，想清楚为什么故事中的小女孩最终会选择那样一种做法。然后，请每名学生和自己的伙伴交流各自的思考结果。接下来，两人共同商讨这一问题的最佳答案，进而准备一个八分钟之内的报告，向全班同学就他们的答案做全面细致的汇报。

独立构思—相互倾听—彼此分享—共同创造

在约翰逊兄弟和霍卢贝茨合著的《课堂中的合作》（*Cooperation in the Classroom*）一书中，提出了这一适用于两人一组的合作学习活动：独立构思—相互倾听—彼此分享—共同创造（formulate，listen，share，create）。（Johnson，Johnson，& Holubec，1998，pp.1.36，2.22）

首先，老师提出一个问题或创设一个有挑战的情境，每名学生都需要进行独立思考，构思出问题答案。然后，每名学生和他的伙伴分享彼此的答案。这时，每名学生都需要仔细专注地倾听对方的分享，以便他们之后能合力形成一个比之前独立构思的结果要好的新答案。这一步强调了认真倾听的必要性，并促使学生调动其高阶思维技能，从不同的思考结果中选出最佳答案。比上述"个人思考—两人交流—集体分享"的活动稍为复杂的是，在相互分享之后，这一活动设计还要求两人能够共同展开创造，得出更为具体的答案或解决办法。

例如，老师可以围绕"××国家的生活方式和文化是如何受当地气候的影响的？"这一话题，让学生各自找一名伙伴。先让每名学生花一分钟时间独立构思答案；然后相互分享，提醒学生要特别注意倾听对方的分享；最后请他们合力创造出综合了各自思考的最佳答案。

回顾反思型伙伴

这又是一种适用于两人一组，可以让学生之间相互帮助开展反思和整理学习收获的活动设计。回顾反思型伙伴（processing partners）关系一旦在班级里确立，往往会保持一段时间不变，如一个月左右。和"找伙伴，开工啦"不太一样的是，"回顾反思型伙伴"往往遵循就近原则，学生常常找同桌或距离自己最近的人进行合作学习。在特定的一段时期内，回顾反思型伙伴会时不时地聚在一起，回顾、整理和反思所学内容。

使用这一活动设计时很重要的一点是，老师需要提前给出回顾反思的具体任务（图3-6为我们展示了可以在这类活动中给学生布置的回顾反思任务示例），并允许学生起立和四处走动，站着和伙伴进行回顾反思。这样一来，回顾反思的任务就可以成为非常好的、有结构的学习活动，而且也能让学生借机在教室里活动活动。

- 互相交流一下，这堂课你感到最受益的地方是什么。
- 互相交流一下，关于这堂课你最想明确掌握并记住的三点内容。
- 互相交流一下，今天科学课上所做的实验在生活中的三种实际应用场景。
- 讨论并形成两条理由，说明为什么今天的数学课上学到的解决问题的过程很重要。

图3-6　可布置给回顾反思型伙伴的任务示例

面向三至四人一组的合作学习活动设计

▼

当老师对班上的学生已经开展了一些基本的社交

技能训练，并且也已经在教学过程中多次使用上述面向全班和面向两人一组的活动设计，是时候可以开展一些面向三至四人一组的活动了。（具体的活动名称在图 3-1 中已展示。）这种活动通常是为了让学生完成某一具体的学习任务或学习项目，比如，合作完成一幅图形组织器，或者合作完成一场特定主题的小组汇报。在这类活动中，如果老师能够指定一些具体的团队角色，比如组织者、鼓励者、物料管理员、记录员、计时员等等，将会非常有助于合作任务的达成。（详见本书图 2-5 "一些常用的组内成员角色"。）

如果老师发现这类面向三至四人一组的活动设计用起来不是很有效，这也许说明学生还需要更多社交技能方面的训练（下一章会具体谈到这方面的问题），或者，还需要更多面向全班或面向两人一组的活动体验。无论对老师还是对学生来说，面向三至四人一组的合作学习活动都是比较陌生的。因为，在这种活动中，老师是在教授全班学生用一种新的方式进行学习。

观察员反馈

福格蒂在《合作性互动的活动设计》一书中，提出了"观察员反馈"（observer feedback）这一活动，并将其视为"个人思考—两人交流—集体分享"活动的变式。（Fogarty，1990，pp.22-25）这相当于在两人一组的"个人思考—两人交流—集体分享"活动基础上，增加了一个观察员的角色。

观察员会观察记录老师教授的技能或解决问题的过程和方法在两人分享中是如何体现出来的，这就能够保证交流分享的两人能够完全投入问题解决过程的讨论分享中。同时，观察者还有一项工作——监督小组成员是如何运用老师所教的技能或问题解决过程以完成学习任务的，并观察另一名小组成员对此是如何回应的。

当老师给学生教授一些特定的技能或解决问题的过程和方法时，这种活动会特别有效。比如，数学老师可以用这种活动来教学生学会做多位数的除法。

首先，老师可以把班里的学生分成三人一组，在组内，学生分成 A、B、C 三个角色，每个角色都有特定的任务。A 学生要教 B 学生解决一道多位数除法的题目；B 学生则要按 A 学生的指示，一步一步地完成这道题目；而 C 学生则要记录 A 学生教得如何、B

学生学得怎样。B 学生做完题目后，C 学生要同时向 A 学生和 B 学生反馈自己的记录。到了下一轮，角色可以互换，可以由 A 学生进行观察记录，B 学生来教授，C 学生学着做。

拼图法

约翰逊兄弟和霍卢贝茨在其合著的《课堂中的合作》一书中，提出了"拼图法"（jigsaw）这一适用于学习大量信息和材料的活动。（Johnson，Johnson，& Holubec，1998，p.2.25）

首先，老师要根据即将学习的主题，确定合作学习小组的数量以及每个小组的人员规模。其次，老师将学习主题或需阅读的材料分配到不同的合作学习小组中去，每一组分得的材料数量要适宜。（这也是为什么说要根据学习主题来确定学生小组的数量。）最后，老师将分配给每个小组的学习材料进一步细分成若干个子主题，可以老师指定分派，也可以学生自由选择，总之要保证组内每一名学生都能获得数量适宜的材料。（这也是为什么说要根据学习主题来确定每个小组人员规模。）

经过学习，每一名学生都将成为其个体学习内容方面的专家，可以在学习过后将相应内容教给同组其他学生，或是和同组其他学生共同准备小组汇报。适当的时候，老师可以要求各个小组来做整体的汇报。如果拼图法所涉及的学习任务需要跨课时才能完成，那么，给每个成员的任务和角色就显得很重要，因为它关系小组是否能够真正实现良好的团队合作。

比如，如果学生正在学习有关美国的知识，那么，老师可以把美国的不同区域分配给不同的合作学习小组，如东北地区、中大西洋地区、东南地区、中西部地区、西南地区、西北地区等。然后，分配给组内不同学生去研究的内容可以是区域经济、区域政治、区域人口统计、区域特色文化等。

共同项目

约翰逊兄弟和霍卢贝茨在《课堂中的合作》一书中，曾提到过这种叫"共同项目"（joint projects）的活动设计。（Johnson, Johnson, & Holubec, 1998, p.2.34）老师把全班学生分成三至四人一组，并给每组分配一个特定的项目。比如，让每个小组用一幅图形组织器来总结一段阅读材料。组内每一名学生用不同颜色的笔在图形组织器中填写内容。这样一来，当小组成员共同完成了图形组织器后，老师一眼就能看出组内哪个学生完成了哪一部分内容。当小组共同项目完成后，组内成员都要在项目作品上署名，以表明组内每一名成员都参与到共同项目的完成过程中。

比如，科学老师可以在合作学习小组完成某项科学实验之后，应用这一"共同项目"的活动设计。首先，老师可以要求每个小组在大海报纸上画出他们完成科学实验的所有步骤。其次，再合作创作一幅网状图，以表明这一科学实验的实际意义或在生活中的用途。最后，请组内每名学生将各自的名字签在作品下方。

快速总结

福格蒂在《合作性互动的活动设计》一书中，提出了"快速总结"（wrap-around）这一活动，并认为这是一种可以快速激发全班学生参与的活动设计。（Fogarty，1990，pp.38-41）老师可以通过提问并要求学生迅速而简洁地回答来应用这一活动设计。如果

想让学生的回答更丰富、更长一些，则可以让全体学生在各小组内同时进行这种"快速总结"的活动。在"快速总结"活动设计中，每个学生都能获得较短时间的发言机会。

比如，老师可以要求每个合作学习小组在组内对刚刚学过的一首诗进行快速总结，让组内成员分享自己对这首诗的感受和这首诗想要传递给读者的深层含义。当各小组完成了这一快速总结后，老师可以向各组提问："大家在小组里都分享了哪些信息呢？"通过这样两轮的快速总结，每个学生都会有机会参与其中进行分享（在各合作学习小组内），而老师也能据此了解到学生对所学内容的实际思考（从全班学生对上述提问的回答中可以得出）。

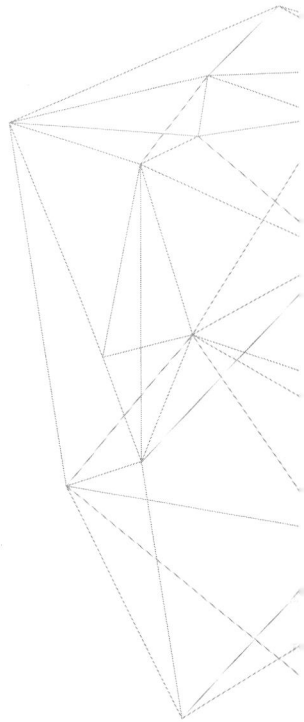

合作学习对学生社交技能的培养

【第四章】

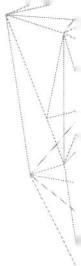

有一所中学在数学、语文、社会研究和科学课上努力尝试了一段时间的合作学习。学校老师利用上午的时间来教授常规课程。午饭过后，所有学生被分成不同的兴趣小组。在这个时间段，四位任课老师会巡视各个小组，查看各组学习的项目完成进度。幸运的是，这所学校有一个很大的房间。在那里，有些学生会一起在电脑上进行学习，有些学生将他们在语文课上学到的东西制作成模型，还有一些学生针对其创建的小公司制订商业计划，这是他们在社会研究和科学课上要完成的项目。

　　这间屋子里有十多个兴趣小组，所有学生都认真投入到各自的学习中。每个学生都有要承担的角色和要完成的任务，因此，每个小组都展现出了非常流畅的合作和互动。领导力、共识、团队合作和沟通就在这个场域中自然产生了。

　　当学生在合作学习中获得了更多的经验时，他们便能掌握必备的社交技能，并能不断提升这些技能，这是合作学习带来的一项重要收获。无论哪个学科的老师，社交技能的培养都是一个循序渐进的过程。那些没有养成良好社交技能的学生，不可能在一夜之间就掌握这些技能，就像学科知识的掌握也不可能一蹴而就一样。图4-1为我们展示了对合作学习来说最重要的四种社交技能：领导团队、达成共识、组建团队和沟通交流。

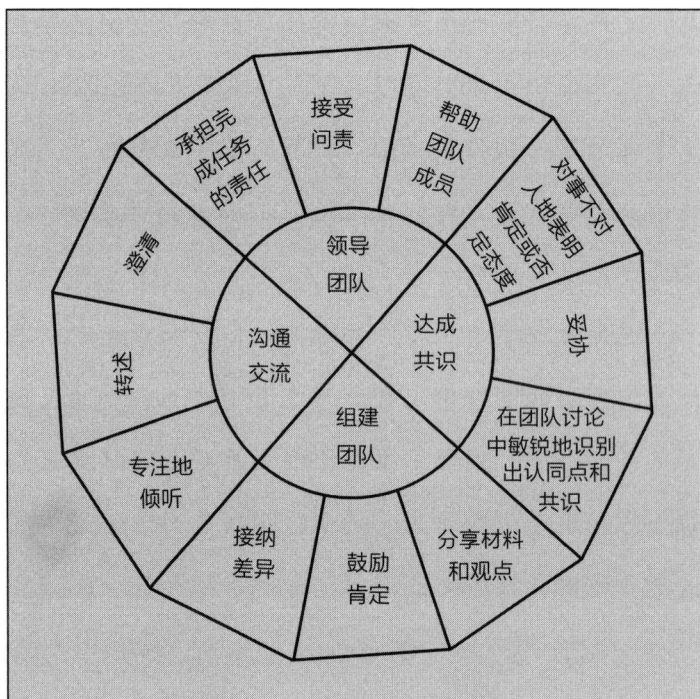

图4-1 合作学习的技能发展

领导团队

▼

图 4-2 为我们展示了领导团队所包含的主要社交技能。在工作场所中，特别是在那些成长中的团队环境里，领导团队的技能正在变得越来越重要。

- 承担完成任务的责任
- 为完成任务而接受某种形式的问责
- 帮助团队成员完成他们的任务

图 4-2　"领导团队"所包含的主要社交技能

合作学习小组为学生体验不同种类的领导角色提供了一种相对安全和具有支持性的环境——在这一环境中，老师会持续地监控学生的学习。刚开始时，小组内角色分工应尽可能清晰明确，相应的任务也要具体。但随着时间推移，学习任务和项目可以逐渐变得复杂。比如带领团队完成一幅图形组织器的学习任务，可能会逐渐变成领导小组研究一个有关太阳系的长达数周的科学项目。

所有这些，都有助于那些在小组中感到胆怯害羞的学生提高领导力。在三至四人甚至五人规模的小组中承担领导角色，会让学生积累自信，激发在更大的团队中承担领导角色的勇气。

达成共识

▼

图 4-3 为我们展示了达成共识所包含的主要社交技能。多元化正在成为企业和社会组织中的常态。要想将不同观点整合成彼此认同的想法，就需要具备高超的达成共识的社交技能。

- 对事不对人地表明肯定或否定态度

- 妥协

- 在团队讨论中敏锐地识别出认同点和共识

图4-3　"达成共识"所包含的主要社交技能

幸运的是，学生在校内外所体验到的多元化是一致的。因此，学校合作学习小组就成为学习如何尊重不同人的不同观点及优势，并能与之共事的"实验室"。有争议性的学习任务就成为一个宝贵的机会，这个机会有助于学生探索如何针对观点来表达自己强烈的支持或反对的态度，而不是对持有这一观点的人表明态度。成功地完成合作学习任务，既需要小组成员之间相互妥协，又需要学生具备在彼此不一致的观点中敏锐识别出共识的能力。

达成共识所包含的主要社交技能，实际上是冲突管理中所需技能的正向表达。**管理冲突的一个有效方法，是帮助人们发掘出他们所未曾意识到的彼此之间的共性（关联/共识）。**

然而，令人感到担忧的是，愤怒、暴力正在成为当下学生校园生活的一部分。因此，在合作学习小组中互助学习，也能够帮助学生培养解决问题的技能，同时帮助他们掌握人与人之间建立共识的技能，这能够使其认识到除了愤怒和使用暴力之外，我们还有很多替代性的方式、方法来管理冲突。基于此，合作学习还可以支持老师们的其他活动，比如组织学生开展同伴冲突调节活动，为学生创设更具支持性的校园环境，等等。

组建团队

▼

图 4-4 为我们展示了组建团队所包含的主要社交技能。尽管老师们希望学生在进入学校之前就已经具备这些社交技能，但现实却是，在电视、电脑、移动互联网随处可见的时代，在父母工作异常忙碌、抽身陪伴孩子的时间越来越少的今天，许多学生在这些社交技能的发展方面需要老师直接的指导和帮助。

- 彼此分享材料和观点

- 使用恰当的评论和态度来鼓励和肯定队友

- 接纳团队成员在技能和观点上的差异

图 4-4　"组建团队"所包含的主要社交技能

　　熟练的组建团队的技能是当今社会特别需要的技能。因为在当今社会各行各业中，大量的工作包含着团队合作。学生在课堂中获取的团队体验，将是他们进入社会、参加工作的一笔宝贵财富。当老师能够在课堂上很好地实施合作学习时，学生将有机会学习如何分享、鼓励、肯定和接纳差异。在这类情境下，许多学生将第一次体验到，如果能够很好地分享、鼓励、肯定和接纳差异，学习任务将会完成得更好、更顺畅。

　　帮助学生掌握这些技能有一种办法，仅为每个合作学习小组提供一套学习物料和设备，这就将促使学生想方设法去分享，在与组员相处中学会鼓励、肯定和接纳差异。

沟通交流

▼

图4-5为我们展示了沟通交流所包含的主要社交技能。在越来越强调团队合作、全球化和多元化的今天，这些沟通交流方面的社交技能显得极为重要。

- 专注地倾听
- 简洁地解释（转述）
- 用精准的提问来澄清

图4-5 "沟通交流"所包含的主要社交技能

在合作学习过程中，往往需要学生展开大量的讨论、解决问题和做出决定。因此，要想完成老师布置的学习任务，学生需要具备倾听、解释和澄清的社交技能。而这通常就要求老师将沟通交流植入具体的学习任务或有待解决的难题。通过这种方式，老师就能够保证学习任务足够复杂，需要学生调动倾听、解释和澄清的社交技能才能完成。

比如，老师可以将一段阅读材料划分成若干部分，请小组中的每一名学生分别认领其中的一段。整个小组要想完整阅读完这段材料，就需要每个学生先读完自己的部分，然后选择一种方式将其阅读的材料信息传递给组内其他学生。相应地，这也就要求组内其他学生注意倾听、解释和澄清，以确保自己能够抓住同伴讲述的那一小段材料的核心内容。

提升社交技能的具体方法

▼

小组合作学习是教授和体验社交技能的一种方式，为学生学习和练习社交技能创设了环境。对老师来说，我们不仅要熟练掌握直接教授这些技能的技巧，也要掌握将这些技能的培养融入日常课堂教学的技巧。

直接教授某种社交技能

为了确保直接教授某种社交技能的教学效果，我们制订了图 4-6 所示的特定步骤，以期对老师有一些帮助。

- 引发学生对该技能的关注
- 示范这一技能的用法
- 清楚地解释说明这一技能
- 将这一技能动作化、操作化
- 练习、练习、再练习
- 监控技能练习的过程
- 掌握技能后举行庆祝活动

图 4-6　直接教授某种社交技能的几个步骤

在教授某一社交技能前，可以通过凸显该社交技能价值的方式来引发学生的关注。有时候，一段反映人们成功使用该技能或未能成功使用该技能的视频材料就能起到作用。有时候，创设情境进行角色扮演也会产生很好的效果。之后示范技能的用法、讲解很重要，事实上，用生动的语言进行描述是必需的。紧接着，老师要将这一技能动作化、操作化。比如，可以组织学生讨论"这一特定技能听起来是什么样子的？

它看起来又是什么样子的？"之类的问题，这能帮助学生真切地感受这种技能。

当全体学生都清楚了这一技能的含义后，就需要不断地练习使用该技能。学生在练习使用该技能时，老师可以四处巡视，监控学生的进展。最终，老师可以设计一些有意思的活动来庆祝学生掌握了该项技能。

将社交技能的培养融入日常课堂教学

第二种帮助学生习得社交技能的方法就是将社交技能的培养融入日常课堂教学，以便学生在课堂学习活动中尽可能多地使用这些技能。如在一段知识讲授之后，老师可以安排学生两人一组，讨论和分享刚才老师讲授的内容中自己记住的三个要点。这种设计既不用花费太多时间，又锻炼了学生的倾听技能。

同样，在学生完成小组合作学习的任务之后，老师也可以要求各个小组反思他们分享学习材料和观点的程度，并对他们的表现进行从 1 到 10 的评分。然后，老师还可以要求各组向全班进行简要的汇报。这也不会花太多时间，但却在日常的课堂教学中实现了对学生社交技能的培养。

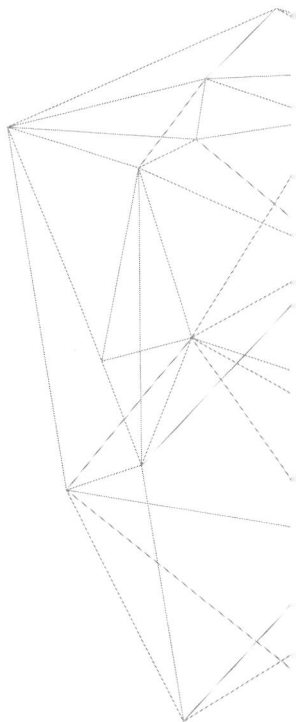

结语

【第五章】

本书的前四章内容逐一回应了有关合作学习的种种现实考虑。"合作学习概述"部分，为大家界定了合作学习的核心概念，并对有关合作学习的理论研究做了概括总结。这些理论研究是当前老师们实践合作学习时使用的工具、方法的基础。

"合作学习的课前准备"部分，能帮助老师们了解在开展合作学习时需要优先考虑些什么，以及有效实施合作学习之前需要做好哪些课前准备。这一章对那些已经实践过合作学习的老师来说也是有用的，可以深化对合作学习的认识。

"合作学习的活动设计"部分，为老师们提供了一系列合作学习的策略和工具，并给出了开展合作学习流程方面的建议。比如，怎样开启合作学习，当师生在课堂上具备了更多合作学习的体验之后，怎么做才更为妥当，等等。

当我们在课堂上有效实施了合作学习，就会给学生社交技能的培养带来积极影响。"合作学习对学生社交技能的培养"部分，就为老师们列举了这类影响。社会人士和企业界已经意识到，培养和提升学生的社交技能对这个世界是多么重要和关键。

合作学习有讲究

今天的学生，当他们来到学校时，已经有了开阔的视野和对教育更丰富的期待。各种各样的媒体、音乐、电影……，催生了一个个需要我们严肃认真对待的学生。现在的学校教育必须让每一名踏进校园的学生感到存在的意义。在合作学习中，负责任地与同学互动交往的机会对学生而言具有重要意义；与同学互动交流的机会，又会增强学生学习的动力。相应地，深度参与学习活动的机会、富有挑战性的学习材料，也都会向学生传递这样的信息：**老师尊重每一名学生正在成长中的想法，尊重他们那些在课堂生活中逐渐形成的观点。**

如果你也将上述这样的合作学习机会提供给了你的学生，我真诚希望能得到你关于合作学习的真实想法和评论。①

———————————

① 可将你实践合作学习的故事发至编辑信箱 yyhomelove@qq.com。

附录 A①

认同与不认同——关于合作学习

观点陈述	认同	不认同
1. 合作学习是一种可以改善学习的教学策略。		
2. 最好不要让你的领导知道你正在尝试合作学习。		
3. 学生真的不喜欢有机会相互交流。		
4. 直接讲授是让学生学习的最好办法。		
5. 合作学习的角色分配确保每个学生都能够积极参与。		
6. 每个人都喜欢接受以小组为单位的成绩评定。		
7. 合作学习能够帮助学生学习如何在团队中工作。		
8. 合作学习可以提高学生的认知能力和技能。		
9. 我们不需要直接教授学生学习社交技能。		
10. 在课堂教学中初次尝试使用合作学习的阶段会很顺畅。		

活动操作流程：

1. 填写"认同与不认同"表格，对上述十句观点陈述做出认同或不认同的选择（打"√"即可）。

2. 和你的同事聊一聊，找出你们彼此选择不一致的那些陈述。

3. 就存在不一致选择的陈述进行讨论。

4. 提问："认同与不认同"这一策略可能会有哪些作用，可以用在哪里？

---

① 附录 A 至 D 内容由 R. 布鲁斯·威廉姆斯先生与教育科学出版社合作学习工作坊项目团队共同设计，并经过多轮实践打磨完善，引用和使用时请注明来源。

附录 B

合作学习课前准备矩阵

沟通交流	空间物料	小组构成	课堂支持	管理策略	成就监测
为开展合作学习，你需要和谁沟通？	要想成功开展合作学习，你需要如何布置空间，准备哪些物料？	你需要做出哪些有关小组人数及构成的决定？	要想成功开展合作学习，你还需要哪些支持？	有哪些课堂管理的工具和策略能够支持你的合作学习课堂？	在合作学习背景下，你如何才能监测学生的学习及其成就？

附录 C

合作学习教学设计表

课题：		执教者：		执教年级：		
学习目标：	导入：	角色：	学生所需学具：			
			教师所需教具：			
教室布局及小组数：			教学任务（活动）指令（如空间不够可另附页）：			
反思	个体成就	协作	高阶思维	情感纽带	社交技能	
结束语：						

113

附录 D

合作学习实践记录反思表

执 教 者：
实践日期：　　　　　地点：　　　　　用时：　　小时　　分
实践场景：
参 与 者：

课题	
背景	
理性目标	
体验目标	
过程记录 （包括每个环节所用时长）	
学生反馈	
执教者反思 （包括但不限于执教者做得好 的地方、有待改进的地方， 以及这次讨论对学生和执教 者的价值和意义）	

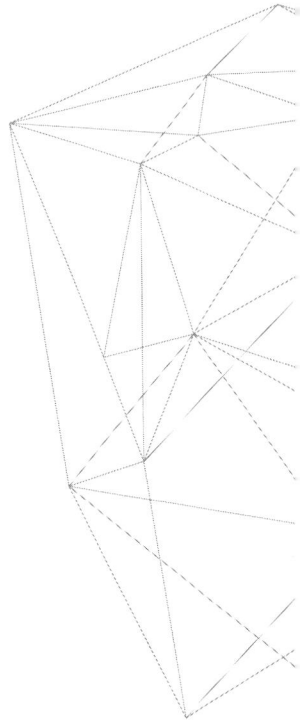

参考文献

Astuto, T. A., Clark, D. L., Read, A. M., McGree, K., & Fermandez, L. D. P. (1994). *Roots of reform: Challenging the assumptions that control change in education*. Bloomington, IN: Phi Delta Kappa Educational Foundation.

Augustine, D. K., Bruger, K. D., & Hanson, L. R. (1989). Cooperation works! *Educational Leadership*, 47(4), 4–7.

Bellanca, J., & Fogarty, R. (1991). *Blueprints for thinking in the cooperative classroom*. Thousand Oaks, CA: Corwin.

Burke, K. (Ed.). (1995). *Managing the interactive classroom: A collection of articles*. Thousand Oaks, CA: Corwin.

Caine, G., Caine, R. N., & Crowell, S. (1994). *Mindshifts: A brain-based process for restructuring schools and renewing education*. Tucson, AZ: Zephyr Press.

Caine, R. N., & Caine, G. (1991). *Making connections:*

Teaching and the human brain. Alexandria, VA: Association for Supervision and Curriculum Development.

Caine, R. N., & Caine, G. (1997a). *Education on the edge of possibility*. Alexandria, VA: Association for Supervision and Curriculum Development.

Caine, R. N., & Caine, G. (1997b). *Unleashing the power of perceptual change.* Alexandria, VA: Association for Supervision and Curriculum Development.

Costa, A. L. (1991). *The school as home for the mind*. Thousand Oaks, CA: Corwin.

Costa, A. L., & Kallick, B. (2000). *Habits of mind*. Alexandria, VA: Association for Supervision and Curriculum Development.

Fogarty, R. (1990). *Designs for cooperative interactions*. Thousand Oaks, CA: Corwin.

Fogarty, R. (1994). *Teach for metacognitive reflection.* Palatine, IL: Skylight Training and Publishing.

Fogarty, R. (1995). *Best practices for the learner-centered classroom*. Arlington Heights, IL: Skylight Training and Publishing.

Fogarty, R. (2001a). *Differentiated learning: Different strokes for different folks*. Chicago, IL: Fogarty & Associates.

Fogarty, R. (2001b). *Making sense of the research on the brain and learning*. Chicago, IL: Fogarty & Associates.

Fogarty, R. (2001c). *Standards of learning: A blessing in disguise*. Chicago, IL: Fogarty & Associates.

Fogarty, R. (2002). *Brain compatible classrooms (2nd ed.)*. Thousand Oaks, CA: Corwin.

Fogarty, R., & Bellanca, J. (1991). *Patterns for thinking, patterns for transfer*. Palatine, IL: Skylight Publishing.

Fogarty, R., Perkins, D., & Barell, J. (1992). *How to teach for transfer*. Arlington Heights, IL: Skylight Training and Publishing.

Glasser, W. (1986). *Control theory in the classroom*. New York: Harper & Row.

Glickman, C. D. (2000). Holding sacred ground: The impact of standardization. *Educational Leadership*, 58(4), 46–51.

Goleman, D. (1995). *Emotional intelligence*. New

York: Bantam Books.

Johnson, D. W., Johnson, R. T., & Holubec, E.J. (1986). *Circles of learning: Cooperation in the classroom*. Alexandria, VA: Association for Supervision and Curriculum Development.

Johnson, D. W., Johnson, R. T., & Holubec, E. J. (1998). *Cooperation in the classroom (7th ed.)*. Edina, MN: Interaction Book.

Kagan, S. (1989). Cooperation works! *Educational Leadership*, 47(4), 12–15.

LeDoux, J. (1996). *The emotional brain*. New York: Touchstone.

Lyman, L., Foyle, H. C., & Azwell, T. S. (1993). *Cooperative learning in the elementary classroom*. Washington, DC: National Education Association.

Parry, T., & Gregory, G. (1998). *Designing brain compatible learning*. Thousand Oaks, CA: Corwin.

Schniedewind, N., & Davidson, E. (2000). Differentiating cooperative learning. *Educational Leadership*, 58(1), 24–27.

Sharan, Y., & Sharan, S. (1989). Group investigation expands cooperative learning. *Educational Leadership*, 47(4), 17–21.

Silberman, M. (1996). *Active learning: 101 strategies to teach any subject*. Boston: Allyn and Bacon.

Slavin, R. E. (1987). Cooperative learning and the cooperative school. *Educational Leadership*, 45(3), 7–13.

Slavin, R. E. (1989). Cooperative learning models for the 3R's. *Educational Leadership*, 47(4), 22–28.

Slavin, R. E. (1991). Synthesis of research on cooperative learning. *Educational Leadership*, 48(5), 71–82.

Sousa, D. (2000). *How the brain learns*. Thousand Oaks, CA: Corwin.

Sylwester, R. (1995). *A celebration of neurons: An educator's guide to the human brain*. Alexandria, VA: Association for Supervision and Curriculum Development.

Tomlinson, C. (1999). *The differentiated classroom: Responding to the needs of all learners*. Alexandria, VA: Association for Supervision and Curriculum Development.

Tomlinson, C. (2000). Reconcilable differences?

Standards-based teaching and differentiation. *Educational Leadership*, 58(1), 6–11.

U. S. Department of Labor. (1992). *Learning a living: A blueprint for high performance:* A SCANS *report for America* 2000. Washington, DC: U.S. Government Printing Office.

Wheatley, M. J. (1992). *Leadership and the new science*. San Francisco: Berrett-Koehler.

Zemelman, S., Daniels, H., & Hyde, A. (1993). *Best practice: New standards for teaching and learning in America's schools*. Portsmouth, NH: Heinemann.

出版人　李　东
责任编辑　殷　欢
版式设计　私书坊_蓝嬉文　郝晓红
责任校对　马明辉
责任印制　叶小峰

图书在版编目（CIP）数据

合作学习有讲究 / (美) R. 布鲁斯·威廉姆斯著；
谭文明译 . — 北京：教育科学出版社，2021.1（2023.7 重印）
（梦想教育家书系 . 课堂变革系列）
书名原文：Cooperative Learning：A Standard For
High Achievement
ISBN 978-7-5191-2404-5

Ⅰ. ① 合… Ⅱ. ① R… ② 谭… Ⅲ. ① 课堂教学－教学
研究 Ⅳ. ① G40-059.3

中国版本图书馆 CIP 数据核字（2020）第 268362 号

北京市版权局著作权合同登记 图字：01-2020-6988 号

梦想教育家书系·课堂变革系列
合作学习有讲究
HEZUO XUEXI YOU JIANGJIU

出版发行	教育科学出版社			
社　　址	北京·朝阳区安慧北里安园甲 9 号	邮　　编	100101	
总编室电话	010-64981290	编辑部电话	010-64981269	
出版部电话	010-64989487	市场部电话	010-64989009	
传　　真	010-64891796	网　　址	http://www.esph.com.cn	
经　　销	各地新华书店			
制　　作	北京浪波湾图文设计有限公司			
印　　刷	保定市中画美凯印刷有限公司			
开　　本	720 毫米 × 1020 毫米　1/16	版　　次	2021 年 1 月第 1 版	
印　　张	9.75	印　　次	2023 年 7 月第 4 次印刷	
字　　数	63 千	定　　价	39.80 元	

图书出现印装质量问题，本社负责调换。